POLYGLOTT on tour

Sizilien

Die Autoren
Daniela Schetar
Friedrich Köthe

**Mit großer Faltkarte
& 80 Stickern
für die individuelle Planung**

www.polyglott.de

SYMBOLE ALLGEMEIN

 Besondere Tipps der Autoren

 Specials zu besonderen Aktivitäten und Erlebnissen

 Spannende Anekdoten zum Reiseziel

⭐ Top-Highlights und
⭐ Highlights der Destination

TOUR-SYMBOLE		**PREIS-SYMBOLE**	
❶ Die POLYGLOTT-Touren		Hotel DZ	Restaurant
❻ Stationen einer Tour	€	bis 70 EUR	bis 25 EUR
① Hinweis auf 50 Dinge	€€	70 bis 120 EUR	25 bis 45 EUR
[A1] Die Koordinate verweist auf	€€€	über 120 EUR	über 45 EUR
die Platzierung in der Faltkarte			
[a1] Platzierung Rückseite Faltkarte			

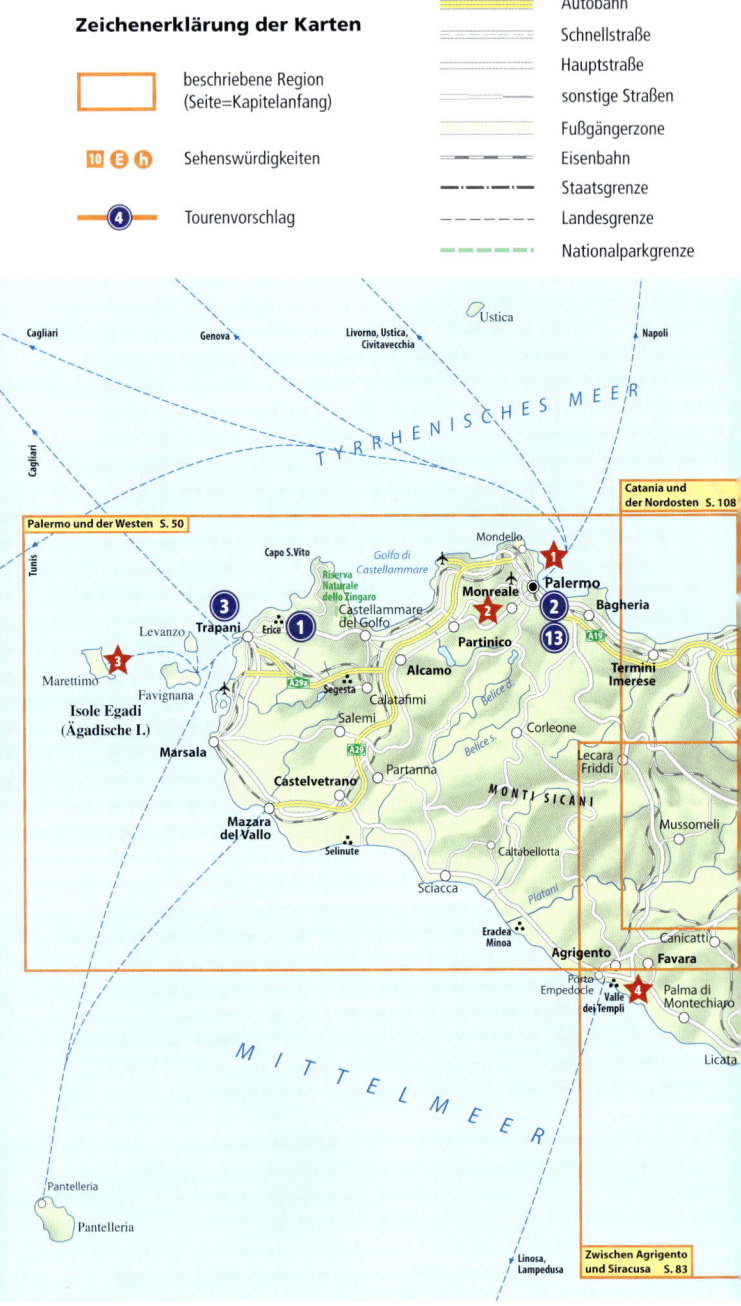

Zeichenerklärung der Karten

beschriebene Region
(Seite=Kapitelanfang)

10 E h Sehenswürdigkeiten

4 Tourenvorschlag

Autobahn
Schnellstraße
Hauptstraße
sonstige Straßen
Fußgängerzone
Eisenbahn
Staatsgrenze
Landesgrenze
Nationalparkgrenze

Cagliari
Genova
Livorno, Ustica,
Civitavecchia
Napoli
Ustica

T Y R R H E N I S C H E S   M E E R

Cagliari

Tunis

Catania und
der Nordosten S. 108

Palermo und der Westen S. 50

Mondello
Capo S.Vito
Golfo di
Castellammare
Palermo
Monreale
Bagheria
Riserva
Naturale
dello Zingaro
Castellammare
del Golfo
Partinico
Termini
Imerese
Trapani
Erice
Alcamo
Levanzo
Marettimo
Segesta
Calatafimi
Marsala
Salemi
Isole Egadi
(Ägadische I.)
Favignana
Corleone
Lecara
Friddi
Mussomeli
Partanna
Castelvetrano
Partanna
M O N T I   S I C A N I
Belice d.
Belice s.
Mazara
del Vallo
Selinute
Caltabellotta
Sciacca
Platani
Canicatti
Eraclea
Minoa
Agrigento
Favara
Porto
Empedocle
Valle
dei Templi
Palma di
Montechiaro
Licata

Zwischen Agrigento
und Siracusa S. 83

M I T T E L M E E R

Pantelleria
Pantelleria

Linosa,
Lampedusa

1 **Touren-Start**

Perfekte Planung
Parallel Klappe vorne links aufschlagen

Liparische Inseln S. 134

Stromboli

Alicudi · Filicudi · Salina · Panarea · Napoli · Cosenza

Isole Eolie (Liparische I.) · Lipari · Lipari · Vulcano

Gioia Tauro · A3 · Palmi

9 Milazzo · 8 12 **Messina** · Villa S. Giovanni

Capo d'Orlando · Tindari · Barcellona · Messina · **Reggio di Calabria**

S.Stefano di Camastra · Naso · MONTI PELORITANI · A18 · Savoca · Stretto di Messina · Melito di Porto Salvo

lù · NEBRODI · Mistretta · Randazzo · Linguaglossa · 10 Taormina · IONISCHES MEER

DONIE · Nicosia · Bronte · ▲ Etna 3340 · 9 · Naxos

Enna · Agira · Salso · Adrano · Nicolosi · Acireale

6 · Simeto · Paternò

altanissetta · Piazza Armerina · Gornalunga · A19 · Catania · 7 · Golfo di Catania

5 · Villa Romana d.Casale · Palagonia · Lentini

Caltagirone · Augusta · Castello Eurialo · 8 Necropoli di Pantalica · Ferla

Dirillo · Palazzolo Acreide · Floridia · **Siracusa**

Gela · 4 **Ragusa** · Akrai

olfo i Gela · Vittoria · Modica · 6 Noto · Avola · Golfo di Noto

Marina di Ragusa · Pozzallo · Ispica · Pachino

Malta · Malta · 5 Capo Passero · Malta

N

0 ——— 30 km

Blick aus einem Garten in Taormina auf den Ätna

TYPISCH

Sizilien ist eine Reise wert!

Wo sonst spiegeln sich 3400 m Hochgebirge im Badewasser des Mittelmeers, wo sonst gedeiht rubinroter Wein in der Nähe karger Schafsweiden und wo sonst reihen sich griechische Säulen neben betörend verspieltem Barock?

Die Autoren

Die Ethnologin **Daniela Schetar**, Reiseschriftstellerin, und ihr Mann **Friedrich Köthe**, Soziologe, Reisebuchautor und Fotograf, leben beide in München. Sizilien ist seit vielen Jahren eine ihrer Lieblingsdestinationen, die sie nicht nur beruflich gern besuchen. Auch wenn sie einmal ausspannen wollen, gehört das Inselarchipel an der italienischen Stiefelspitze zu ihren bevorzugten Reisezielen.

Ein Berg wie ein Kegel, so hoch im Himmel, dass die Wolken ihn küssen und als Liebesgruß eine weiße Decke hinterlassen, sanfte Hügelwelten unter gleißender Sonne, blaue Wellen, die in hellem Sand versickern. Palmen und Zypressen, Oliven und Zitronen, strenge Tempelfassaden, schwermütiger Barock und leichtsinniger Jugendstil: Sizilien ist uns immer und bei jedem Besuch aufs Neue ein ganzer Kosmos an Sinnlichkeit, an Freuden für das Auge und den Geist.

Griechen und Karthager, Römer und Araber – alle haben die Insel

Blick von der Insel Lipari auf Vulcano

Einkaufen für's Abendessen auf dem Mercato Ballarò in Palermo

zwischen Europa und Afrika besucht, erobert, beherrscht und bewundert. Mit den Großen der Weltgeschichte und der Literatur teilen wir unsere Begeisterung: Odysseus traf hier auf seinem nicht enden wollenden Weg nach Hause auf die Zyklopen, auf den Windgott Äolus und wäre fast von Charybdis und Skylla zermalmt worden. Kaiser Friedrich II. der Staufer verbrachte seine Kindheit in Palermo und liebte Sizilien. Giuseppe Tomasi di Lampedusas Romanfigur Gattopardo lebte im Schloss von Donnafugata und Andrea Camilleris Commissario Montalbano ermittelt bei Porto Empedocle. Der Literaturnobelpreisträger Luigi Pirandello erblickte in Agrigento das Licht der Welt. Und nicht zuletzt Johann Wolfgang von Goethe: »Dass ich Sizilien gesehen habe, ist mir ein unzerstörlicher Schatz auf mein ganzes Leben.« Schauplätze der Weltliteratur oder spannender Krimis, Stadt-

hotels oder Strandpensionen zur Erholung, griechische Ausgrabungen und prachtvolle Barockkirchen zur Erbauung, auch wir finden hier alles, was uns wichtig ist – und das in einer Vielzahl und Vielfalt, wie es uns sonst praktisch nirgends geboten werden kann.

Und dann noch die sizilianische Küche: Pasta, geradlinig einfach, mit nur wenigen Ingredienzen auf den Punkt des optimalen Geschmacks gebracht, nach Familienrezepten eingelegte Gemüse mit duftender Minze und Knoblauch, aromatische Tomaten, nach Meer schmeckende Kapern, der Fisch mit einem Spritzer Zitrone und einigen Tropfen Olivenöl – und die Cassata zum krönenden Abschluss.

Bleiben wir etwas länger, versäumen wir es auch nie, auf einen Vulkan, in den ausgedehnten Parks im Inselinneren, wie der Madonie und den Nebrodi, oder entlang den Küsten – wie bei Zingaro – zu wandern.

Unglaublich: Palermo hat eine autofreie Straße – Via Maqueda!

Qual der Wahl: Faulenzen oder Inselhüpfen?

Hoch oben an den Flanken des Ätna unterhalb seines schneebedeckten Kratergipfels blicken wir dann auf das Meer, oder wir ziehen über sanfte und grüne Hügel von Dorf zu Dorf.

Zu tun haben wir immer ausreichend. Schließlich umfasst die Region Sizilien auch das pelagische, das äolische und das egadische Archipel, die Inseln Pantelleria, Ustica und Lampedusa mit Linosa. Und Inselhopping ist eine der schönsten Beschäftigungen der Welt. Besonders wenn Wasser und Himmel so blau sind wie zwischen Europa und Afrika. Wenn am frühen Morgen im sommerlichen Meeresdunst die ersten Schemen eines Eilandes auftauchen, oder bei Dunkelheit der Stromboli seine Funken zahm in den Himmel schlägt.

Wir geben es gern zu, wir sind Wiederholungstäter, ob wir einfach nur an den sonnensicheren Inselstränden beachen wollen oder uns wieder einmal zur Entdeckungsreise durch die jahrtausendealte Kulturlandschaft aufmachen. Nie ist uns langweilig geworden, immer gibt es etwas spannendes Neues zu erforschen, im Großen wie im Kleinen – ein neuer Fund von höchster archäologischer Bedeutung, eine kleine Kirche am Wegesrand mit romanischen Bögen, eine Ausstellung moderner Kunst, aber auch der Bauernmarkt mit wild gestikulierenden Verkäufern und Hausfrauen, die sich in Bewegung und Schlagfertigkeit in nichts nachstehen. Wir lieben die Abendessen in den Gassen der Barockstädte des Val di Noto, die ein Sommernachtstraum für Auge und Magen sind. Nicht sattsehen können wir uns an den goldgelb glühenden Tempeln von Agrigento am Abend, wenn sich die Sonne hinter den Säulen zur Ruhe begibt. Und ganz Palermo liegt uns zu Füßen, wenn wir über die Dächer des weltberühmten Doms von Monreale spazieren.

Und jedes Mal empfangen uns Inseln und Menschen mit offenen Armen und offenem Herz. Denn auch dies ist ein Schatz, den die Insulaner aus der Vergangenheit in die Gegenwart gerettet haben: so viele Besucher über die Jahrtausende, so viele, die geblieben sind. Der Sizilianer ist nicht Italiener, nicht Europäer, nicht Afrikaner – er ist weltoffen und zurückhaltend gleichermaßen, herzlich vereinnahmend und tolerant rücksichtsvoll, dem Ernsten ebenso zugetan wie dem Heiteren, er ist eben Sizilianer. Benvenuti!

Reisebarometer

Was macht Sizilien so besonders? Sind es die überwältigenden kulturellen Zeugnisse aus nahezu allen Epochen gepaart mit der herben Schönheit der Insel und Menschen voller Lebensfreude und Gastfreundschaft?

Beeindruckende Architektur
Griechen, Römer, Normannen und die Architekten des Barock haben eine einzigartige Baukunst hinterlassen.

Grüne Oasen
Herrliche Naturparks, Schutzgebiete und Reservate

Kultur-/Eventangebot
Volksfeste, religiöse Umzüge und überall Sommer-Events

Museen
Klassisches, Modernes, große Kunst und Kunsthandwerk

Kulinarische Vielfalt
Die Vermählung von Wald und Wasser schuf die beste Landküche der Welt.

Spaß und Abwechslung für Kinder
Baden, baden, nochmal baden und dann die Sandburg

Shoppingangebot
Auf Sizilien verbringen die Modemacher ihre Ferien…

Partyleben
Im Juli und August ist überall Party, sonst ist es ruhiger.

Ausflugsmöglichkeiten
Sonnige Inseln, Bergdörfer, Schlösser, Heiligtümer

Preis-Leistungs-Verhältnis
Außer im Juli und August sind die Preise moderat.

● = gut　　●●●●●● = übertrifft alle Erwartungen

50 Dinge, die Sie …

Hier wird entdeckt, probiert, gestaunt, Urlaubserinnerungen werden gesammelt und Fettnäpfe clever umgangen. Diese Tipps machen Lust auf mehr und lassen Sie die ganz typischen Seiten erleben. Viel Spaß dabei!

… erleben sollten

(1) **Unter dem Vulkan** Wanderungen im Gipfelbereich des Vulkans Ätna zählen mit zu den eindrucksvollsten Erlebnissen auf Sizilien, doch eine kompetente Führung ist dabei unerlässlich! Im Norden kümmert sich Guide Etna Nord [M4] (Linguaglossa, www.guidetnanord.com), an der Südflanke Guide Alpine Etna Sud [L5] (Nicolosi, www.etnaguide.com) um die Wanderer (Touren ab 80 €).

(2) **Schwimmend ins Vergnügen** Beim kleinsten Hafen Italiens zu baden ist nicht nur rekordverdächtig, es ist auch ein sauberes Vergnügen. Selbst in der Hochsaison legen die Schiffe in Ginostra › S. 139 selten an, das Wasser ist klar, Einheimische und Urlauber extrem entspannt.

(3) **Mit dem Rad durchs Salz** Führungen durch die Salinen von Trapani › S. 73 kann man auch per Rad unternehmen. So gelangt man wirklich von einem Ende zum anderen und erahnt die Dimensionen der Anlage viel besser. Die zweistündige Radtour durch das weiße Gold kann unter www.salinenatura.it (Seite nur auf Italienisch) gebucht werden. (Erw. 6 €, Kinder 5–8 Jahre 3 €).

(4) **Relaxen unter blauem Himmel** Das Spa »Salus per Aquam« des Hotels Signum › S. 145 auf Salina ist im Freien und bietet Besuchern beste Ausblicke auf die Landschaft, ohne selbst gesehen zu werden: ob im Dampfbad, bei einer Wassertherapie, im Jacuzzi oder während mit viel Liebe und Geschick durchgeführten Wellnessbehandlungen.

(5) **Eiskaltes Wasser** In der Gola d'Alcantara › S. 129 hat sich der Fluss tief ins Gestein gefressen, und Besucher machen sich mit Gummihosen bewaffnet oder leichtfüßig in der Badehose durch das Wasser watend auf den Weg in die Schlucht – im Hochsommer eine unvergleichlich schöne Abkühlung.

(6) **Per Kanu nach Karthago** Centro Nautico Stagnone [A4] vermietet Kanus und Tretboote, mit denen man aus eigener Kraft durch die Lagune zu den punischen Ruinen auf die Insel Mozia gelangt (Contrada Spagnola 112/a, Marsala, www.centronauticostagnone.it, 15 €).

(7) **Erdbeben ergehen** Das Dorf Gibellina › S. 80 zerstörte 1968 ein Erdbeben, es wurde weitab neu errichtet. Im alten Gibellina den ehemaligen Gassen folgend, vorbei an

Relaxen mit herrlicher Aussicht kann man im Spa »Salus per Aquam« auf Salina

den die Ruinen der Häuser versiegelnden Betonblöcken, erahnt man die Gewalt der Geißel Siziliens.

⑧ **Abstieg am Begräbnisplatz** Von den Nekropolen von Pantalica › S. 107 darf man hinunter in die Schlucht des Flusses Anapo und an ihm entlang durch das friedvolle Naturschutzgebiet wandern. Einst fuhr hier die Eisenbahn durch, heute sind die Wanderer unter sich.

⑨ **Natursauna** Auf Pantelleria darf man keinesfalls den Besuch der unterhalb der Montagna Grande liegenden Grotta di Benikulà › S. 78 versäumen. In der kleinen Höhle strömt um 60 °C heißer Dampf aus den Spalten und lässt alle schwitzen.

⑩ **Treppenweg** Ragusas Oberstadt › S. 98 erreicht man am angemessensten über die Scala, die Treppenfolge von Ragusa Superiore nach Ragusa Ibla: auf 242 Stufen geht es vorbei an niedrigen Häuschen und immer wieder durch enge Gassen. Bei Fotostopps durchschnaufen!

⑪ **Abtauchen in die Vergangenheit** Die Ägadischen Inseln besitzen mehrere mit Tauchausrüstung zugängliche archäologische Zonen, so am Capogrosso bei Levanzo › S. 74, wo sich Rom und Karthago eine Schlacht lieferten. Tauchgänge organsiert z. B. Egadi Scuba Diving im Hafen von Favignana [A3] (http://egadiscubadiving.it, ab 80 €).

… probieren sollten

⑫ **Süße Versuchung** Modica hat eine lange Tradition in der Schokoladenherstellung. Die Antica Dolceria Bonajuto › S. 100 stellt Pralinen *(cioccolatini)* nach uralten Rezepten her – kein billiges, aber ein umso köstlicheres Geschmackserlebnis.

⑬ **Genuss auf Ätna-Art** Die Region rund um den Ätna lohnt auch wegen ihrer eigenständigen regionalen Küche. In der Case Perrotta [M5] etwa sollten Sie die Schafskäsekroketten und eines der Pilzgerichte

Fischstand auf dem Mercato del Capo

probieren (Sant'Alfio, Loc. Perrotta, Tel. 095 96 89 28, www.caseperrotta.com, Di geschl., €€).

(14) Innereien Die Palermitaner lieben ihr spezielles Fastfood: *pani ca meusa.* In ein Brötchen kommt klein gehackte, in Schmalz gebratene Kalbsmilz (teilweise auch Lunge), darüber ein Spritzer Zitronensaft – erhältlich bei den fliegenden Händlern z. B. auf der Piazza Caracciolo in der Vucciria › **S. 62.**

(15) Pizza frittiert Die Bars von Zafferana Etnea [L/M5] sind berühmt für ihre *Pizza siciliana,* ein zusammengeklappter, gefüllter und in Öl gebackener Teigfladen. Besonders lecker in der Bar Torrisi (Via Roma 216).

(16) Reisbällchen *Arancini* gibt es auf ganz Sizilien, Restaurants servieren sie als Vorspeise, Stände am Straßenrand als Snack. Sie sind gefüllt (Fleisch, Pancetta, Pilze, Leber oder Käse) und sehr sättigend. Die besten macht die Pasticceria Savia [b1] in Catania (Via Etnea 302/304).

(17) Austern satt In Mazara del Vallo sind Fische und Meeresfrüchte bei C.T.A. Pesca › **S. 77** am frischesten, und die *ostriche* – besonders nach längeren Nächten und mit einem Glas Weißwein – schlicht wunderbar.

(18) Zibibbo Der sizilianische Moscato-d'Alessandria-Wein ist hauptsächlich bekannt als Dessertwein, uns aber schmeckt er in der trockenen Version noch besser, v. a. von der Cantina Bukkuram [A7–8] auf Pantelleria (Contrada Bukkuram 9, Tel. 09 23 91 83 44, www.marcodebartoli.com).

(19) Pizza vom Blech *Pizze a taglio* gibt es überall auf Sizilien, die von Cristina [M4] in Taormina aber sind ein Gedicht – am besten vor Ort aus der Hand gegessen (Via Strabone 2).

(20) Sizilianischer Käse Eine tolle Auswahl an Käse aus Sizilien, etwa aus den Hybläischen Bergen, gibt es in der Salumeria Barocco [K9] in Ragusa Ibla (Corso XXV Aprile 80).

(21) Bratwurst aus den Bergen Nicht nur Sizilianer lieben die *salsiccia.* Köstlich schmeckt die hybläische Variante z. B. in der Trattoria A Putia ro Vinu › **S. 100** in Modica.

(22) Bohnen für den Himmel Die *fagioli badda* gedeihen nur rund um Polizzi Generosa und genau dort sollte man die Bohnensuppe aus der äußerst schmackhaften Sorte auch probieren, z. B. bei Donna Lavia › **S. 133.**

… bestaunen sollten

(23) Mercato del Capo Einer der ältesten Märkte › S. 62 Palermos hat nichts von seiner großen Anziehungskraft verloren. Auch wenn im Sommer die Touristen mit Kameras bewaffnet durchziehen, die Palermitaner stört es nicht, sie handeln wie eh und je und versorgen sich mit Nützlichem und weniger Notwendigem. Ein Fest!

(24) Treppenufer Die Scala dei Turchi [E7] westlich des Hafens von Agrigento bietet einen herrlichen Zugang zum Meer – gleißend weiße Kreidefelsen, die in Stufen zum Wasser abfallen. Traumhaft!

(25) Sommertheater Während des Estate Iblea, des hybläischen Sommers, finden im Juli und August im Castello di Donnafugata › S. 99 vor traumhafter Kulisse Theateraufführungen, Konzerte und Events statt – wenn die Hitze des Tages verflogen ist (Infos unter: http://reteiblea.it).

(26) Wintertheater Im November beginnt die Saison, im April endet sie. Das kleine, elegante Stadttheater [L9] auf dem Corso Vittorio Emanuele in der Altstadt von Noto fasst nur 300 Zuschauer, und am schönsten sitzt man in einer der intimen Logen (Tel. 09 31 89 66 55, www. fondazioneteatrodinoto.it).

(27) Natur pur Wie schön Badebuchten sein können, zeigt das Naturschutzgebiet Vendicari › S. 102 –

keine Ferienhäuser, supersauberes Wasser und – da nur zu Fuß zu erreichen – nie überlaufen.

(28) Ein Sechseck aus Häusern Grammichele [K7] bei Caltagirone ist die einzige Stadt Siziliens, der der Grundriss eines regelmäßigen Sechsecks zugrunde liegt. Wie ein Spinnennetz sind die Straßen rund um die Piazza angelegt – ein architektonisches Gesamtkunstwerk.

(29) Erstarrtes Höllenfeuer Wie nahe die Lava den Städten rund um den Ätna kommt, sieht man ausgezeichnet bei Randazzo › S. 124 – die schwarzen Steinfelder reichen fast bis an den Stadtrand.

(30) Inseln im Dunst Vom Capo Milazzo › S. 130 aus scheinen die Liparischen Inseln in einem milchigen Meer zu schweben, der Horizont hat sich aufgelöst, Luft und Wasser sind eins.

(31) Feuerflanke Mit einem Boot geht es zur Feuerflanke des Vulkans

Am Capo Milazzo

Stromboli, der Sciara del Fuoco
› S. 141. Kaum zu überbieten ist das
Spektakel des am Hang herunter-
polternden, feuerspuckenden Lava-
auswurfs bei Nacht.

(32) **Aperitif und Abendsonne**
Wenn bei Cefalù die rote Sonne im
Meer versinkt, dann ist der Stadtstrand bei der Via Veterani der
schönste Platz – ob auf der Kaimauer sitzend oder an einem Tisch mit
einem Campari Soda vor sich auf
der herrlichen Terrasse des Kentia
al Trappitu › S. 132.

(33) **Blumenmeer** Am dritten Wochenende im Mai findet in Noto [L9]
die *Infiorata di Noto* statt: Einge-
rahmt von prächtigen Barockbauten »wächst« auf der Via Corrado
Nicolaci ein riesiger Blumenteppich
(www.infioratadinoto.it).

… mit nach Hause nehmen sollten

(34) **Carretini** Typisch sizilianische
Souvenirs sind die knallbunten
Eselwagen, die in jeder Größe verkauft werden – klein wie ein Dau-
men oder die ganze Autorückbank
einnehmend. Eine der nettesten
Einkaufsadressen für diese traditionellen Wägelchen ist Carrettini Sici-
liani e Souvenirs [E2–3] in Palermo
(Via La Masa 82, Tel. 091 58 57 46).

(35) **Pesci** Schönste Erinnerungen
an die bunte Unterwasserwelt Siziliens finden Sie im Laden von Fish
House Art [c4] in Siracusa – Fische

und Meeresgetier aus allen nur
erdenklichen Materialien, in jegli-
cher Größe und in allen Farben des
Regenbogens (Via Cavour 29–31,
www.fishhouseart.it).

(36) **Alle Tassen im Schrank** Im Laden von Circo Fortuna [c4] in Siracusa erhält man fröhlich und fanta-
sievoll bemalte Keramikteller und
Keramiktassen, die aus dem Einer-
lei der Angebote herausstechen (Via
Capodieci 42, www.circofortuna.it,
ab 10 €).

(37) **Stadtwein aus der Weinstadt**
Den Likörwein aus Marsala trinkt
man als Aperitif, als Begleitung zum
Dessert oder auch nur so. Hervorragenden Marsalawein eines ganz
kleinen Erzeugers verkauft La Sirena Ubriaca › S. 76 (Flasche ab 10 €).

(38) **Süßes von den Schwestern**
Marzipan ist eine beliebte Inselspe-
zialität, v. a. in Form bunter Früchte.
Die Nonnen der Abtei Santo Spirito
› S. 89 in Agrigento sind für ihre
Kreationen berühmt, die sie nach
einem uralten Rezept herstellen.

(39) **Schwarzer Fels** Wer die Müh-
sal der Stromboli-Besteigung › S. 139
auf sich genommen hat, sollte ein
Stück erkalteter Lava als Briefbe-
schwerer für zu Hause mitnehmen.

(40) **Blütenknospen** Die besten Kapern Salinas wachsen auf dem
Grund der Azienda Agricola Cara-
vaglio [G1] nach strengen biologi-
schen Richtlinien (Via Provinciale
32, Malfa, Tel. 09 09 84 43 68).

41 Taschen aus Catania Die Ledertaschen von REGLAB [b1] sind farbenfroh und elegant gleichermaßen, sie werden in Catania designed, gefertigt und verkauft (Via Coppola 14, www. reglab.it, ab 50 €).

42 Luftiger Stein Lipari › **S. 141** ist reich an Bimsstein, der lange Zeit in Steinbrüchen abgebaut wurde. Heute kann man ihn am Strand auflesen und mit nach Hause nehmen.

43 Korallenkunst Trapani ist die Stadt der Korallen und bekannt für seine Korallenschnitzer. Graffeo e Damiano [B3] stellen wertvolle und wunderschöne Schmuckstücke her, z. B. Ketten (Via A. Roasi 11, www. coralliepreziosi.it, ab 300 €).

44 Uraltes neu In der Werkstatt von Artesania [c3] in Siracusa werden antike Methoden der Herstellung von Faden und Gewebe neu entdeckt. Sehr schön sind z. B. die Kissenbezüge, die noch in jeden Koffer passen (Via dell'Apollonion 5, www.alessiagenovese.it, ab 70 €).

… bleiben lassen sollten

45 Leicht bekleidet in die Kirche Ein Gotteshaus in Shorts oder ärmellosen Shirts zu betreten ist nicht nur stylish ein absolutes No-Go. Die Sizilianer sind sehr religiös und in ihrem Glauben streng traditionell.

46 Highheels bei Stadtbesichtigungen Auch wenn man auf Ele-

Frutti della Martorana heißen die bunten Marzipanfrüchte auf Sizilien

ganz nicht verzichten möchte, die Pflaster der Städte sind holprig und bequeme Schuhe bei einer Stadtbesichtigung die bessere Wahl.

47 Siesta ignorieren Nach einem ausgiebigen Mittagessen ist Ruhe angesagt, besonders im Hochsommer – man muss sich ja für den langen Abend wappnen.

48 Zu früh da sein Das Abendessen auf Sizilien beginnt frühestens um 20 Uhr. Keinesfalls sollte man schon vorher auf der Matte stehen und ungeduldig die Öffnung des Lokals erwarten.

49 Oben ohne Sizilianerinnen liegen nicht »oben ohne« am Strand, und Besucherinnen sollten sich unbedingt anpassen.

50 Mafiawitze Die Sizilianer, die sich gegen die Mafia aussprechen, sind gestraft genug – und die, die dazugehören, verstehen diesbezüglich so gar keinen Spaß.

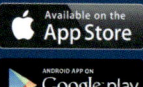

Was steckt dahinter?

Die kleinen Geheimnisse sind oftmals die spannendsten. Wir erzählen die Geschichten hinter den Kulissen und lüften für Sie den Vorhang.

Woher kommen die Backöfen an der Rocca di Cefalù?

Nach dem Zusammenbruch des römischen Imperiums begannen auf Sizilien unruhige Zeiten. Muslime aus Nordafrika und Piraten machten die Küste unsicher. Die Bewohner Cefalùs bauten sich deshalb eine Burg am Berg und statteten sie mit allem aus, was ihnen bei einer langen Belagerung helfen würde: Lagerhallen, Wohnhäuser, eine Kirche und eben auch drei Backöfen.

Warum ist der Löwe los?

Dass die Turmuhr des Doms von Messina 12 Uhr schlägt, ist nicht weiter bemerkenswert. Doch warum brüllt danach ein Löwe und gleich darauf kräht ein Gockel dreimal? Der bronzene Löwe wedelt dabei mit dem Schwanz, hebt den Kopf und die Flagge. Er steht für die Macht Messinas, die sie befähigt hat, bei den Vesper-Aufständen den Franzosen zu widerstehen. Der Gockel symbolisiert die Wachsamkeit der Stadt. Und die Stundenglocken schlagen zwei Frauen – Dina und Clarenza –, die Messina einst mit Sturmgeläut vor dem Heer Karl von Anjous warnten.

Was bedeutet »Libera Terra«?

Wird wieder einmal ein Mafiaboss verhaftet und verurteilt, fällt sein Besitz dem Staat zu. Seit einigen Jahren wird der einst Gangstern gehörende Grund und Boden verpachtet, bevorzugt an Kooperativen aus der Antimafiabewegung. Auf diese Weise entstehen landwirtschaftliche Güter, die Touristen Unterkunft und Verpflegung bieten – auf »libera terra«, befreitem Boden.

Agriturismo-Betriebe wie Terre di Corleone (http://agriturismoterredicorleone.it) oder Portella della Ginestra (http://agriturismoportelladellaginestra.it) garantieren einen angenehmen und lehrreichen Urlaub auf der »befreiten Erde«.

Warum verschwand der Jüngling von Selinunte mehrmals?

Erstmals verschwand der Ephebe von Selinunte – eine 22 cm hohe, künstlerisch und archäologisch wertvolle Bronzegestalt aus der griechischen Antike – wohl wegen Kriegswirren vor gut 2000 Jahren. Wiedergefunden wurde der wertvolle Jüngling dann 1882 bei Castelvetrano. Die Stadt kaufte die Figur damals für 50 000 Lire – und vergaß sie anschließend in einem Lagerhaus. 1928 tauchte der Jüngling wieder auf und gelangte ins Museum, aus dem er aber 1962 entführt wurde. Zur Zahlung des geforderten Lösegelds kam es allerdings nicht, die Polizei verhaftete nach einer Schießerei die Entführer, und der Jüngling durfte zurückkehren.

Der Concordia-Tempel im Valle dei Templi in Agrigento ist der besterhaltene dorische Tempel Italiens

REISE-PLANUNG & ADRESSEN

Die Reiseregion im Überblick

Die sanfte, stille Schönheit des Zingaro-Nationalparks und die chaotisch lärmende Inselkapitale Palermo sind die beiden Antipoden im Westen Siziliens.

Quirliges, hektisches Leben, überbordende Märkte, eindrucksvolle Normannenarchitektur und schicke Einkaufsstraßen zeichnen **Palermo** aus. Am Golf von Castellammare, nur wenige Kilometer westlich, finden sich noch verträumte Hafenstädtchen und die geschützte Natur des Zingaro, die zum Wandern einlädt.

Die **Westküste** mit Trapani als Mittelpunkt ist deutlich nach Nordafrika gewandt, herb und bodenständig. Mit den Tempelbauten von Selinunt und Segesta besitzt die Region zwei der imposantesten Hinterlassenschaften der griechischen Antike.

Siziliens **Süden** zwischen Agrigento und Siracusa breitet mit herrlichen griechischen und römischen Tempeln, Theatern und Villen ein Kaleidoskop seines alten Kulturerbes vor dem Besucher aus. Ähnlich vielfältig und von teils bizarrer Anziehungskraft sind die barocken Stadtzentren von Noto, Modica und Ragusa. Weite und flach abfallende Strände säumen die Küste, vor allem Italiener machen hier in den Feriensiedlungen Urlaub. Wer gern wandert, findet in den tiefen Schluchten Ispica und Pantalica eine reizvolle Herausforderung.

Der schneebedeckte Ätna ist eine schwer berechenbare Landmarke des **nordöstlichen Siziliens** rund um das lebenslustige Catania. Wenn er gerade Ruhe hält, laden seine fruchtbaren Hänge und die karge Mondlandschaft der Gipfelregion zu Wanderungen ein. Das mondäne Taormina mit seinen schönen Stränden und den schicken Läden, Hotels und Restaurants ist eine reiz-

Daran gedacht?

Einfach abhaken und entspannt abreisen

- [ ] Private Auslandskranken-versicherung abschließen (siehe Infos von A–Z)
- [ ] Reisepass / Personalausweis
- [ ] Flug- / Bahntickets
- [ ] Führerschein (Mietwagen)
- [ ] Babysitter für Pflanzen und Tiere organisiert
- [ ] Zeitungsabo umleiten / abbestellen
- [ ] Postvertretung organisiert
- [ ] Hauptwasserhahn abdrehen
- [ ] Fenster zumachen
- [ ] Nicht den AB besprechen »Wir sind nicht da«
- [ ] Kreditkarte einstecken und Sperrnummer mitnehmen
- [ ] Medikamente einpacken
- [ ] Ladegeräte
- [ ] Adapter einstecken

volle Abwechslung zum Naturprogramm, und auch der Fischerort Cefalù hat neben seinen urbanen und kulturellen Attraktionen vor allem eines zu bieten: herrliche Badebuchten.

Ein ganz besonderes Flair umgibt die sieben Eilande der Äolischen oder **Liparischen Inseln:** Lipari, die größte, besitzt mit der gleichnamigen Hauptstadt des Archipels beinahe so etwas wie städtisches Leben – aber klein, überschaubar und nie hektisch. Auf Vulcano erwarten heilende Schlammbäder den Besucher, auf Salina Wanderwege und einsame Buchten, Panarea ist nahezu wüstenhaft, auf Alicudi und Filicudi fühlen sich Einsamkeitsfanatiker wohl. Ohne den aktiven und im halbstündigen Rhythmus spuckenden Vulkan Stromboli auf der gleichnamigen Insel gesehen und bestiegen zu haben, sollte kein Reisender dieses Inselreich verlassen – ein unvergessliches Erlebnis!

Klima & Reisezeit

Mediterranes Klima mit milden Wintern und langen, heißen Sommern, in denen kühlende Winde ein wenig Erfrischung bringen, prägt die Küsten Siziliens.

Die kühlsten Monate sind der Januar und Februar mit durchschnittlichen Luft- und Wassertemperaturen um die 14 °C und häufigen Regenfällen. Anschließend explodiert die an Pflanzenarten reichste Insel des mediterranen Raums in einem Blütenmeer: Auf das Gold der Mimosenbäume folgen das strahlende Sonnengelb des Ginsters und dann das Rosaweiß der Zitronen- und Orangen-, Mandel- und Kirschbäume.

Mit der roten Pracht des wilden Oleanders erreicht ab Mitte Mai auch das Wasser langsam mehr als kühle 17–18 °C, denn das Mittelmeer erholt sich nur gemächlich von der winterlichen Kälte. Dafür speichert es die Wärme bis zum Winter. Noch im November und oft

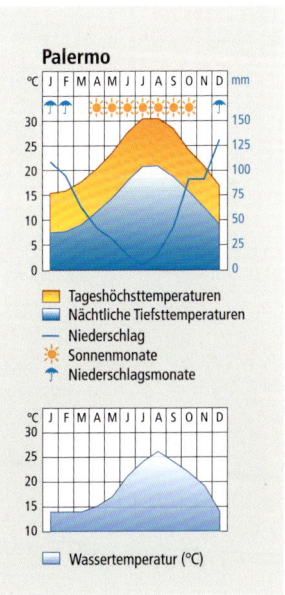

Palermo

Tageshöchsttemperaturen
Nächtliche Tiefsttemperaturen
Niederschlag
Sonnenmonate
Niederschlagsmonate

Wassertemperatur (°C)

Prozession für die Schutzpatronin von Palermo, die hl. Rosalia

sogar im Dezember weist es vor Siziliens Küsten 20 °C und mehr auf.

Ganz anders sehen die klimatischen Bedingungen dagegen im Inselinneren aus: Da die Berge teilweise über 2000 m hoch sind, der Ätna sogar knapp 3400 m Höhe erreicht, kommt es in den Wintermonaten häufig zu ergiebigen Schneefällen. In den Sommermonaten bleibt es in den Gebirgsregionen dann angenehm kühl, die fruchtbaren Ebenen Westsiziliens hingegen stöhnen unter der Hitze, die hier seltener als an der Küste ein Windhauch erträglicher macht.

So ist für viele der Herbst die beste Reisezeit, denn angesichts der angenehmen Temperaturen kann man dann viele Urlaubsaktivitäten wie Besichtigungen, Wassersport und Wandern kombinieren. Auch Streifzüge durch die antiken Stätten, deren Ruinen im Sommer nur wenig Schatten bieten, machen ohne die glühende Hitze und den Touristenrummel der Hauptsaison viel mehr Spaß.

Fast unerträglich ist das Klima im August, zum einen, weil der Wüstenwind Schirokko häufig drei Tage und länger mit 40 °C über die Insel weht, zum anderen wegen der einheimischen Urlaubermassen, die Sizilien in den Sommermonaten überrollen.

Ferien und Feste

Wer auf die Schulferien angewiesen ist, sollte entweder möglichst früh im Juli oder nach Ferragosto, dem Wochenende nach dem 15. August reisen. Denn zwischen Anfang Juli und Ferragosto machen auch die Italiener traditionell Urlaub.

Die Sommermonate sind allerdings auch die Zeit der großen Festivals: Der mittelalterliche Palio dei Normanni in Piazza Armerina, die mit Prozessionen und Feuerwerk begangene Festa della Vara in Messina als Höhepunkt der Feierlichkeiten zu Maria Himmelfahrt oder das Theater- und Konzertfestival von Taormina im August sind nur einige der spannenden und farbenfrohen Veranstaltungen, zu denen sich um Ferragosto große Segelwettbewerbe an den Küsten gesellen. Einen weiteren Höhepunkt stellt die Settimana Santa, die Karwoche, mit spektakulären Umzügen und Prozessionen dar, zum Beispiel den »Misteri« in Trapani.

Anreise

Mit dem Auto

Ab Salerno ist die Autobahn Richtung Süden mautfrei. Auf Sizilien selbst wird auf den Autobahnen Catania–Palermo und Palermo–Mazara del Vallo bzw. Trapani keine **Mautgebühr** verlangt, alle anderen Abschnitte sind hingegen mautpflichtig.

Die **Tempolimits** liegen im Ortsgebiet bei 50 km/h, auf Landstraßen bei 90 km/h, auf Schnellstraßen bei 110 km/h, auf Autobahnen bei 130 km/h (bei Regen 110 km/h). Raser werden hart bestraft. Empfindlich sind auch die Bußgelder bei Verstößen gegen Halte- und Parkverbote. An schwarzgelb markierten Bordsteinen dürfen Fahrzeuge nicht abgestellt werden. Die Promillegrenze liegt bei 0,5.

Außerhalb geschlossener Ortschaften muss man auch tagsüber mit **Abblendlicht** fahren. Telefonieren ist nur mit Freisprecheinrichtung erlaubt. Neben Warndreieck und Verbandskasten muss eine Warnweste (erreichbar im Autoinnenraum) mitgeführt werden, deren Tragen bei einem Unfall oder einer Panne Pflicht ist.

Pannenhilfe gibt es beim Automobile Club d'Italia (ACI) italienweit unter Tel. 80 31 16. Unter der EU-weit einheitlichen Notrufnummer 112 erreichen Sie auch in Italien Polizei und Unfallrettung.

Fähren

Von Genua, Livorno und Civitavecchia (bei Rom) sowie Neapel laufen Schiffe nach Palermo aus. Von Neapel kann man auch nach Catania und auf die Äolischen Inseln übersetzen. Rund um die Uhr bedienen Fähren die Route ab Villa San Giovanni (Kalabrien) und Reggio di Calabria nach Messina. Eine Übersicht der Strecken und Reedereien findet man im Internet unter www.cemar.it/dest/faehren_sizilien.htm.

Mit dem Flugzeug

Die Liniengesellschaften Alitalia (www.alitalia.com) und Lufthansa

Die spannendsten Aktivitäten

....

- **Kitesurfen**, wo einst die Phönizier ihre Handelsschiffe beluden: Siziliens bester Kite-Spot ist die **Stagnone-Lagune** [A4] zwischen Marsala und der Insel Mozia (Infos: www.surfsicilia.com).
- Bei den kleinen Inseln um Sizilien wartet auf **Taucher** eine herrliche Unterwasserwelt, beispielsweise an der Punta Milazzese auf **Panarea**. › S. 141
- Grünes **Salina**: Etwa 2 Std. dauert die **Wanderung** von der Wallfahrtskirche Madonna del Terzito auf den 962 m hohen Monte Fossa delle Felci durch Wald und über Wiesen. Nur das letzte Stück ist steinig. › S. 144

Unterwegs mit Kindern

Ganz gleich ob am Strand, in der Eisdiele oder zu später Stunde im Restaurant – Kinder stehen in Italien und natürlich auch in Sizilien im Mittelpunkt. Die *bambini* dürfen alles, werden gehätschelt und jede ihrer Lebensäußerungen mit Ahs und Ohs belohnt. Mitteleuropäisch eher zurückhaltend erzogene Kinder genießen es natürlich, plötzlich so im Zentrum der Aufmerksamkeit zu stehen, und verwandeln sich flugs in brustgeschwellte Machos und zickige Diven. Gönnen Sie ihnen den Spaß, streng sein kann man ja dann wieder zu Hause.

Sizilianisches Timing

Auffällig ist, dass man Kinder fast zu jeder Tages- und Nachtzeit auf den Straßen, am Strand oder in den Restaurants sieht. Wann schlafen die Kleinen, wenn's abends gut und gerne Mitternacht wird und sie morgens schon um acht wieder durch die Gassen toben? Des Rätsels Lösung heißt Mittagsschlaf. Zudem ziehen sich nicht nur Kinder, sondern auch die meisten Erwachsenen nach dem Mittagessen zurück. In den heißen Sommermonaten beginnt das Leben erst wieder gegen 17 Uhr. Ein Vorbild, dem auch Urlauberkinder ruhig nacheifern sollten.

Kultur

Was Erwachsene als reizvoll und interessant empfinden – die vielen antiken Ausgrabungsstätten, barocke Stadtarchitektur, normannische Paläste –, ist für Kinder meist ziemlich uninteressant. Die Balance zu finden zwischen Strandvergnügen und Besichtigungsprogramm ist nicht einfach. Aber man kann die Sprösslinge ja auch mit Geschichten locken, etwa mit der vom **Ohr des Dionysios** im Neapoli von Siracusa › S. 105, durch das der Tyrann seine Gefangenen belauschte und das heute noch eindrucksvoll beweist, wie der Felsspalt den Schall der gesprochenen Worte tatsächlich weiterleitet. Oder Sie suchen mit Ihren Kindern nach der verrücktesten Fratze an den barocken Hausfassaden von **Noto** › S. 101. Für einen Bummel zu Taorminas **Griechisch-Römischem Theater** › S. 126 belohnt ein Ausflug auf den Asche und Lava spuckenden **Ätna** › S. 121/122 – Sizilien ist so vielseitig, dass jedes Kind neben Meer und Strand etwas Interessantes entdecken wird.

Opera dei Pupi

Die Sprache sollte keine Barriere sein beim Besuch im Puppentheater. Die Geschichten von mutigen Rittern und schönen Königstöchtern, von Guten und Bösen versteht schließlich jeder! Überprüfen lässt sich dies beispielsweise bei **Figli d'Arte Cuticchio [b1]** in Palermo (Via Bara all'Olivella, Tel. 091 32 34 00, www.figlidartecuticchio.com).

Abenteuer

Die Tour auf den **Ätna** › S. 121 oder gar die nächtliche Wanderung auf den **Stromboli** › S. 136 mit seiner regelmäßigen, von Heulen und Donner begleiteten Aktivität sind Höhepunkte für größere Kinder. Spannend und eisig kalt ist ein Bad in der **Gola d'Alcantara** › S. 129; und unweit des Ortes Nicosia thront die Normannenburg **Sperlinga** › S. 89, ein geheimnisvoller Bau mit Höh-

lenlabyrinth. Größere erschauern gern bei den Mumien im **Convento dei Cappuccini** › S. 60 in Palermo.

Strände und Badespaß

Fontane Bianche [M9] 20 km südlich von Siracusa gilt mit seinem puderweichen Sand als einer der schönsten Strände Siziliens. Die weiten, flach abfallenden Strände der Marinas von Noto bis Ragusa sind kindergeeignet, allerdings häufig auch ziemlich voll. Einsame Strandbuchten, in denen man herrlich schnorcheln kann, finden Eltern und Kinder z. B. auf **Panarea** › S. 141, und auf der Nachbarinsel **Vulcano** › S. 143 gibt es schwarzen Vulkansand an der Spiagga Nera.

Etwas außerhalb von Catania liegt das **Etnaland** [L5], das Kinder mit Aqua- und Dinopark und vielen anderen Attraktionen in den Bann zieht (C. da Agnelleria, Belpasso, ausgeschildert an der Straße Richtung Paternò, www.etnaland.eu).

Spaghetti und Gelato

Da Nudeln das erklärte Lieblingsgericht der meisten Kinder sind und es in der Regel keine Probleme bereitet, in den Restaurants eine Kinderportion zu bekommen, ist die Ernährung gesichert. Nur die Essenszeiten sind gewöhnungsbedürftig. Vor 20 Uhr werden Sie selten ein offenes Restaurant finden; die Italiener rücken gar erst zwischen 21 und 22 Uhr mit Kind und Kegel an. Davor müssen sie ja auf dem Corso promenieren und bonbonbuntes Eis schlecken – tun Sie's ihnen einfach nach.

Im Zingaro-Naturpark warten grandiose Küstenpanoramen auf Wanderer

(www.lufthansa.com) fliegen Sizilien an, Lufthansa teils direkt, Alitalia über
Mailand oder Rom. Direkt verbinden auch diverse Charterfluggesellschaf-
ten viele Städte in Deutschland, Österreich und der Schweiz mit Catania,
Palermo und Trapani (nur von Deutschland aus). Der ehemalige Militär-
flughafen von Comiso im Süden der Insel wird seit Mai 2013 von Discount-
Airlines wie Ryanair (www.ryanair.com) genutzt.

Mit der Bahn
Schnellzüge gibt es ab Rom nach Palermo (12 Std.) und Catania (11 Std.).
Von Venedig, Mailand, Genua und Rom verkehren direkte Schlaf- und Lie-
gewagen nach Palermo, Catania, Siracusa und Agrigento. Durch die ent-
sprechenden Zuschläge kann die Bahnfahrt aber teurer werden als ein Flug.
Verbindungen und Preise auf den Internetseiten von www.bahn.de, www.
oebb.at, www.sbb.ch beziehungsweise www.trenitalia.com.

Reisen in der Region

Mit dem Auto
Bei Mietwagen sollte man die kleinstmögliche Kategorie wählen. Spätestens
in den engen Straßen des ersten Bergstädtchens wird man für ein wendiges
Auto dankbar sein. Denken Sie auch an den Benzinverbrauch angesichts der
hohen Kraftstoffpreise. Das Portal www.billiger-mietwagen.de listet die Angebote der großen Fahrzeugvermieter und vergleicht sie übersichtlich.

Mit Zug und Bus

Züge verbinden hauptsächlich die Städte Palermo, Messina, Catania und Siracusa. Andere Ziele, vor allem im Landesinneren und im Süden, erreicht man besser per Bus. Diese sind generell schneller, aber auch teurer als die Bahn. In Sizilien operieren hauptsächlich vier Busgesellschaften, deren Fahrpläne im Internet abrufbar sind: Interbus mit den Firmen Segesta, Sicilbus und Etna Trasporti (www.interbus.it), AST (www.aziendasicilianatrasporti.it) und SAIS Autolinee (www.saisautolinee.it).

Sport & Aktivitäten

Zu viel Sport ist unsizilianisch – aber für die vielen Touristen hat man sich in jüngerer Zeit einiges einfallen lassen, von Beachvolleyball bis Wracktauchen. Groß ist das Angebot für Segler und Surfer.

In vielen Orten gibt es Reitschulen und Tennisplätze. Engagierte Hoteliers veranstalten Jachtausflüge oder bieten geführte Wanderungen und Mountainbiketouren an.

Wassersport

Sizilien besitzt herrliche Segelreviere. Jachtcharter und Ausbildung für den Nautischen Führerschein mit Kursen bietet z. B. **Sailing Sicily** in Palermo an. Surfer finden die windsichersten Gebiete ganz im Süden Siziliens zwischen Punta Secca und Portopalo. Im Norden bietet beispielsweise der Strand beim **Camping Marinello Oliveri** in Tindari beste Bedingungen und dazu auch Surfkurse. Taucher werden im Resort **Profondo Blu** auf der kleinen Insel Ustica nördlich von Sizilien rundum versorgt.

Eine schöne Idee für Angler verfolgt **Il Mare d'Amare** [K2] in Capo d'Orlando: Bei diesem Projekt fährt man gemeinsam mit Einheimischen zum Fischen hinaus aufs Meer (www.agatirno.it/sea2love).

Sailing Sicily [b1]
• Via Francesco Crispi
Stazione Marittima (Molo V. Veneto)
Palermo | Tel. 091 58 06 79
www.sailingsicily.com

Camping Marinello Oliveri/ Scuola Windsurf [L2]
• Via del Sole 17 | Oliveri
Tel. 090 93 11 17

Profondo Blu Ustica [E1]
• Ustica | Tel. 09 18 44 96 09
www.ustica-diving.it

Wandern und Radfahren

Sizilien ist ein **Wanderparadies.** In den großen Naturparks Ätna, Nebrodi und Madonie gibt es markierte Wanderwege, ebenso im Naturschutzgebiet Riserva dello Zingaro sowie auf den Ägadischen und

Einer der begehrtesten Strände auf Sizilien ist die Isola Bella bei Taormina

Liparischen Inseln. Geführte Wanderungen organisieren u. a. die örtlichen Sektionen der Alpenvereine (www.cai.it, www.clubalpinosicilia no.it). Ausgewählte Vorschläge für Touren finden Sie auf der Webseite www.ferien-sizilien.de unter dem Link »Wandern«.

Einige Hotels haben sich dem **Fahrradtourismus** verschrieben, darunter das **Hotel Kalura** in Cefalù (http://hotelkalura.com) und die **Villa Schuler** in Taormina (www.vil laschuler.com). Auf Radtouren in Sizilien hat sich die Agentur **Friends on Bikes** spezialisiert (www.rad sportferien-sizilien.de).

Golf

Der **Il Picciolo Golf Club** ist eine 18-Loch-Anlage bei Castiglione di Sicilia am Fuße des Ätna etwa 30 Autominuten von Taormina (www. ilpicciologolf.com). 18 Löcher hat auch der **Le Madonie Golf Club** bei Campofelice di Roccella bei Cefalù (www.lemadoniegolf.com).

Baden und Wellness

Ballermann-Atmosphäre dürfen Sie auf Sizilien nicht erwarten – die Italiener selbst mögen es eher schicklässig an der *spiaggia*. Sizilien bietet Strände für alle Wünsche: noble Liegestühle in Taormina, verschwiegene Buchten auf den Liparischen Inseln, Strände der Provinz-Gigolos und Familien an der Nordküste.

Der moderne Wellnesstrend hat auf der Insel bisher wenig Resonanz gefunden, obwohl Sizilien bereits den alten Griechen und Römern als Kurort bekannt war. Sie badeten beispielsweise in den Quellen von Sciacca › S. 81 oder im schwefelgesättigten Meerschlamm von Vulcano › S. 143.

Mit dem **Giardino di Costanza** bei Mazara del Vallo › S. 77 leuchtet einer der Luxussterne der Kette »Leading Hotels of the World« am Wellnesshimmel Siziliens. Im Spa werden bevorzugt einheimische Erzeugnisse wie Trapani-Salz und Zitrusextrakte verwendet.

Unterkunft

Reine Hotel-Gettos finden sich glücklicherweise selten. Lediglich ein touristisches Ballungszentrum wie das Städtchen Giardini Naxos bei Taormina besitzt in seinem Ortsteil Recanati ein Hotelviertel, doch selbst dieses wird wohltuend durch Cafés, Eisdielen und Boutiquen aufgelockert.

Ausgesprochene Luxusherbergen konzentrieren sich ebenfalls auf Städte mit langer Tourismustradition wie Taormina, Siracusa oder Mondello bei Palermo. Generell kann man überall, in allen Preisklassen und ohne langfristige Vorbestellung in Hotels, Pensionen, Privatzimmern, Ferienclubs oder auf Campingplätzen übernachten – es sei denn, der Reisetermin fällt in die Hauptsaison um Ostern oder in die Zeit der Sommerferien von Anfang Juli bis etwa Mitte August.

Die Website www.italia.it listet zahlreiche Unterkünfte in den jeweiligen Provinzen und Städten auf (Link »Info«, weiter unter »Hotels«).

In den Sommerferien (Juli und August) explodieren die Übernachtungspreise und man bezahlt nicht selten doppelt so viel wie in den Monaten davor und danach.

Noch recht unverfälscht erlebt man Sizilien in den **Agriturismo-Landgasthäusern.** Leicht findet man Kontakt zur Bevölkerung, auf den Tisch kommen leckere, rustikale Gerichte mit Produkten aus eigenem Anbau und man logiert in ruhigen Lagen etwas abseits vom Trubel an der Küste mitten in der ursprünglichen Kultur des Landesinneren. Ein weiterer Pluspunkt sind die moderaten Preise selbst während der Hauptsaisonzeiten. Ausführliche Beschreibungen und Fotos von Landgasthöfen in allen Regionen Siziliens mit Option zur Online-Buchung findet man unter www.agriturismo-sicilia.it.

Charmant übernachten

• **Giardino di Costanza:** Luxusoase inmitten grüner Einsamkeit bei Mazara del Vallo. › **S. 77**

• Komfortabel übernachten in Mönchszellen – diese originelle und zugleich preiswerte Option bietet das **Ostello del Borgo** in Piazza Armerina. › **S. 96**

• Im Hotel **Alla Giudecca** wohnt man in restaurierten Altstadthäusern im ehemaligen jüdischen Viertel von Siracusa. › **S. 106**

• Der Landgasthof **Giardino Donna Lavia** aus dem 14. Jh. verwöhnt seine Gäste mit schönen Zimmern, schmackhafter regionaler Küche aus Bio-Produkten sowie einer herrlichen Wanderumgebung. › **S. 133**

• Charme und vornehme Schlichtheit sind die Charakteristika des Hotels **Signum** in Malfa auf der Liparischen Insel Salina. › **S. 145**

Mercato del Capo: Auf Palermos
trubeligen Straßenmärkten herrscht
orientalische Basaratmosphäre

LAND & LEUTE

Steckbrief

- **Fläche:** 25 708 km²
  und damit größte
  Insel des Mittelmeers
- **Topografie:**
  24 % Ebenen,
  58 % Hügelland,
  18 % Gebirge
- **Bevölkerung:** ca. 5 Mio. Einw.;
  mehr als ein Drittel lebt in den
  Städten Palermo, Catania, Messina,
  Siracusa und Trapani.
- **Arbeitslosenquote:** ca. 20 %
- **Beschäftigungsstruktur:**
  Landwirtschaft 14 %, Industrie 21 %,
  Handel und Dienstleistungen 65 %
- **Hauptstadt:** Palermo
  (650 000 Einw.)

- **Höchste Erhebung:** Ätna mit
  3340 m
- **Währung:** Euro
- **Landesvorwahl:** 0039
- **Zeitzone:** MEZ mit Sommerzeit

Politik und Verwaltung

1946 erlangte Sizilien den Status einer autonomen Region innerhalb des italienischen Staatsverbandes. Seitdem werden die neun Provinzen mit ihren gleichnamigen Hauptstädten – Palermo, Trapani, Agrigento, Caltanissetta, Enna, Ragusa, Siracusa, Catania, Messina – vom eigenen Parlament mit Sitz in Palermo verwaltet. Seit 2012 führt der Mitte-Links-Politiker und bekennende Homosexuelle Rosario Crocetta die Regierung.

Wirtschaft

Die Griechen brachten »Trinakria« einst Wein und Oliven, die Römer betrachteten die Insel in erster Linie als nahezu unerschöpfliche Kornkammer, die Araber stellten sich mit Zuckerrohr, Baumwolle und Zitrusfrüchten ein, die Spanier importierten nach der Entdeckung Amerikas Feigenkakteen und Tomaten. Was auch immer und von wem auch immer in sizilianische Erde gepflanzt wurde, trug von jeher üppige Früchte. Die großzügigen Geschenke der Natur konnten freilich bis zur Mitte des 20. Jhs. bittere Armut und Hungersnöte nicht verhindern. Denn in antiker Tradition teilte sich die Bevölkerung stets in Herren und Sklaven, in wenige Besitzende und in ein Heer von Besitzlosen. Einen selbstständigen Bauernstand gab es nicht, lediglich rechtlose Landarbeiter bzw. Pächter auf der einen und reiche, fast uneingeschränkt regierende Großgrundbesitzer auf der anderen Seite.

Vor allem das Inselinnere spiegelt das erst mit der Landreform von 1950 weitgehend beseitigte Feudalsystem bis heute wider. So weit das Auge reicht, erstrecken sich Äcker, Felder, Obstplantagen; kein Dorf, kein noch so bescheidener Weiler nistet zwischen den Hügeln und in den Ebenen.

Dies ändert aber nichts an der Tatsache, dass auch Siziliens Landwirtschaft sich in einer Krise befindet, die nur EU-Subventionen bisher abschwächen konnten. Die Folge war neben einer Süd-Nord-Abwanderung auch eine vom Land in die Städte. Denn jenseits der Agrarproduktion, bei denen das Frühgemüse für die EU mittlerweile die meisten Erträge bringt, gibt es – außer der Petrochemie – kaum nennenswerte Industrie. Im Golf von Gela, in Augusta und in Termini Imerese bei Palermo haben Erdölraffinerien und Fabriken für Düngemittel ihren Standort.

Die berühmt-berüchtigten 500 Schwefelgruben, mit denen die Insel im 19. Jh. 85 % des weltweiten (!) Bedarfs gedeckt und damit ein unglaubliches Monopol besessen hatte, sind alle stillgelegt. Mit den Ölfunden von Ragusa und Gela von 1953 und der Entdeckung von Erdgas bei Bronte konnte in Sizilien die längst notwendige Industrialisierung eingeleitet werden. Der Fischfang ist rückläufig, der Tourismus spielt eine immer wichtigere Rolle.

Sizilien erhält Finanzmittel aus dem EU-Strukturfonds, um vor allem die Wasserressourcen, die Böden und die Küsten zu schützen, die

Infrastruktur zu verbessern sowie die Ansiedlung neuer Unternehmen zu fördern – eine Wirtschaftsförderung, die angesichts des nach wie vor geringen Pro-Kopf-Einkommens offensichtlich ins Leere läuft. Die Wirtschaftskrise traf auch Sizilien hart. Bei der notwendig gewordenen Konsolidierung der norditalienischen Industrie hat man den Rotstift zuerst bei deren Zweigniederlassungen angesetzt. Dies bekam nicht nur die Autoindustrie Siziliens schmerzhaft zu spüren.

Religion

Von den rund 5 Mio. Inseleinwohnern bekennen sich etwa 95 % zum römischen Katholizismus. Doch mehr als Gottvater, Sohn und Heiligen Geist liebt man die Muttergottes auf der seit Jahrtausenden von Göttinnen regierten Insel. Die Madonna, direkte und logische Nachfolgerin der griechischen Fruchtbarkeitsgöttin Demeter bzw. der römischen Korngöttin Ceres, beherrscht den Glauben der Menschen. Zu ihr fleht man um Rat und Unterstützung, ihr sind über die Hälfte aller Gotteshäuser geweiht. Die andere Hälfte müssen sich rund 300 Heilige teilen, wobei aber auch dort weibliche Heilige absoluten Vorrang haben.

Nicht zufällig fungieren also ausschließlich Frauen als Schutzpatroninnen der größten Städte. So wacht die hl. Rosalia über Palermo, die hl. Agatha über Catania, die hl. Lucia über Siracusa, und um Messina kümmert sich die Muttergottes höchstpersönlich.

Geschichte im Überblick

3. Jt. v. Chr. Die Sikaner, die ältesten geschichtlich bekannten Bewohner, siedeln nahe dem heutigen Agrigento.

Um 1400 v. Chr. Aus Italien kommende Ausonier, Elymer, Morgeter und Sikuler verdrängen die Sikaner.

Um 1100 v. Chr. Die Phönizier gründen auf Sizilien Handelsniederlassungen.

Ab 734 v. Chr. Die Griechen gründen die Städte Naxos und Syrakus; außerdem Messina (730), Catania (729) und Agrigento (582).

480 v. Chr. Schlacht bei Himera: Siziliens Griechen schlagen die Karthager, die Perser werden in der Seeschlacht bei Salamis besiegt.

415–413 v. Chr. Athens Flotte wird von Syrakus vernichtet.

405–367 v. Chr. Unter dem Tyrannen Dionysios I. erringt Siracusa die Vormachtstellung auf Sizilien.

264–241 v. Chr. Erster Punischer Krieg. Niederlage der Karthager, Sizilien wird Roms erste Provinz.

440 Die Vandalen unter Geiserich verwüsten Sizilien.

538–827 Byzantinische Provinz.

827–1072 Arabische Herrschaft, Palermo wird 831 Hauptstadt.

1061–1194 Normannen erobern und beherrschen die Insel.

1194 Heinrich VI. wird erster normannisch-staufischer König Siziliens; die Stauferherrschaft dauert bis 1266 an.

1198–1250 Regierungszeit des Staufers Friedrichs II. 1212 Krönung zum deutschen König und 1220 zum römischen Kaiser.

1266–1282 Grausames Regime der Anjou, beendet durch den »Sizilianische Vesper« genannten Aufstand an Ostern 1282. Spaniens Haus Aragón übernimmt die Herrschaft.

1442 Alfons V. von Aragón wird als Alfons I. Herr über das Königreich Neapel-Sizilien.

1504 Ferdinand II. von Aragón: Neapel-Sizilien wird der Krone Spaniens zugeschlagen; spanische Vizekönige regieren bis 1713.

1713 Ende des Spanischen Erbfolgekriegs, Sizilien fällt unter die Herrschaft der Savoyer.

1720–1735 Österreichische Habsburger verwalten die Insel.

1735–1860 Spanische Bourbonen regieren Neapel-Sizilien.

1860/61 Garibaldis Freiheitskämpfer landen bei Marsala. Sizilien wird Teil des Königreiches Italien.

1908 Ein Erdbeben zerstört Messina, es gibt mehr als 60 000 Tote.

1943 Befreiung Siziliens nach der Landung der Alliierten.

1946 Sizilien bekommt den Status einer autonomen Region.

1992 Die Mafia ermordet die Richter Falcone und Borsellino.

2001 Palermos Bürgermeister Leoluca Orlando verliert die Wahl zum »Presidente della Regione Siciliana«. Gewinner ist Dottore Salvatore Caffaro.

2002/2003 Ein Erdbeben und ein Ätna-Ausbruch versetzen Sizilien in Angst und Schrecken.

2006 Die Regierung Prodi erteilt dem vom Berlusconi lancierten Projekt einer Brücke über die Straße von Messina eine Absage. Bernardo Provenzano, Kopf der Cosa Nostra, geht der Polizei ins Netz.

2007 Verhaftung des lange gesuchten Cosa-Nostra-Bosses Lo Piccolo und des Schutzgeldkönigs Scalavino.

2008 Der rechtskonservative Raffaele Lombardo wird mit 66 % der Stimmen Präsident Siziliens. Nach Berlusconis Wiederwahl geht das Projekt einer Brücke über den Stretto erneut in Planung.

2010/2011 Starke Regenfälle lösen Erdrutsche bei Messina aus. Die Antischutzgeld-Initiative »Addiopizzo« findet bei der Bevölkerung, v. a. in Palermo, immer mehr Unterstützung. Ein Stadtplan, der alle teilnehmenden Unternehmen listet, steht unter www.addiopizzo.org/deutsch.asp als Download zur Verfügung.

2013 Das Projekt »Brücke über den Stretto« wird endgültig beerdigt. Im

Traditionelles Symbol Siziliens: die dreibeinige Trinakria

Juni erklärt die UNESCO den Ätna als »herausragendes Beispiel geologischer Prozesse und vulkanischer Landschaften« zum Weltnaturerbe.

2014 Die Kriege in Nordafrika zwingen mehr und mehr Menschen zur Flucht über das Meer Richtung Sizilien. Immer wieder kommt es dabei zu schweren Schiffsunglücken mit zahlreichen Toten und zu Massakern der Schlepper an Flüchtlingen.

Natur & Umwelt

Lage und Landschaften

Trinakria, Land der drei Vorgebirge, nannte Homer das von drei Meeren umspülte und von drei Gebirgsstöcken durchzogene dreieckige Eiland, das er zu einem der Schauplätze der »Odyssee« machte. Zum Symbol für die mythenreiche Insel wählte die Antike einen von Schlangen, Flügeln und drei abgewinkelten Beinen umrahmten Mädchenkopf, wobei die Griechen das Antlitz zur schrecklichen Gorgonenfratze verzerrten, die Römer hingegen das lächelnde Konterfei ihrer Fruchtbarkeitsgöttin Ceres bevorzugten.

Die drei laufenden Beine weisen auf die Erdverschiebungen hin, von denen die 25 708 km² große **Mittelmeerinsel** nach wie vor heimgesucht wird. Der Brückenkopf zwischen Europa und Afrika ist ein im wahrsten Sinne des

In der Region Siracusa hat der Zitronenanbau lange Tradition

Wortes schwimmendes Eiland, das keineswegs fest zwischen dem Tyrrhenischen, Ionischen und »afrikanischen« Meer verankert ruht. Aber die bloß in Zentimetern messbaren Bewegungen stellen ebenso wenig eine ernste Gefahr dar wie Europas größter aktiver Vulkan, der 3340 m hohe **Ätna** (ital.: Etna). Seine Eruptionen verändern zwar die ihn umgebende Landschaft, doch bringen sie niemanden in Lebensgefahr, der sich nicht selbst in diese begibt. Denn die glühende Lava fließt nur langsam und ergießt sich meist in unbewohnte Gebiete. Von Ost nach West durchziehen die drei Gebirgsmassive Peloritani, Nebrodi und Madonie die Insel. Die an ihrer schmalsten Stelle nur 5 km breite **Straße von Messina** trennt Sizilien vom Festland, bloß 140 km beträgt bei Marsala die Distanz zur nordafrikanischen Küste. Schließlich zählen auch drei **Archipele** zu Sizilien: im Norden die nahen Isole Eolie (Äolische oder Liparische Inseln), im Westen, ebenfalls in Sichtweite, die Isole Egadi (Ägadische Inseln) und weit im Süden die Isole Pelagie (Pelagische Inseln) mit Linosa und dem immer wieder in den Schlagzeilen auftauchenden Lampedusa, eines der Hauptziele der in Nordafrika auslaufenden Flüchtlingsboote. Hinzu kommt noch die 83 km entfernte und mit 83 km² größte sizilianische Nebeninsel **Pantelleria.** Außerdem gehört zu Siziliens Territorium die Insel **Ustica,** 60 km nördlich von Palermo. Sie ist als naturgeschütztes Unterwasserreservat das Taucherparadies schlechthin.

Umweltschutz

In den späten 1980er-Jahren begann auch in Sizilien das Bewusstsein für Umweltfragen zu wachsen. Regelmäßige Müllabfuhr und Fußgängerzonen im Zentrum der durch Lärm und Abgase massiv belasteten Städte waren erste Schritte in die richtige Richtung. Dass etwa Taorminas von noblen Läden, Bars und Restaurants gesäumter Corso – die Flaniermeile Siziliens – noch bis 1983 für den gesamten Verkehr freigegeben war., erscheint heute unvorstellbar Mittlerweile sind die wilden Mülldeponien, die man einst überall in den Städten und der Landschaft vorfand, großteils verschwunden.

Auch der Kampf um ein sauberes Meer wurde endlich aufgenommen, obwohl 2014 nur insgesamt sechs Strände mit der Blauen Flagge *(bandiera blu;* www.bandierablu.org*)*, dem Gütesiegel für Sauberkeit und sehr gute Wasserqualität, ausgezeichnet wurden – eine erstaunlich geringe Zahl.

Fauna, Flora, Nationalparks

Dem Engagement einiger weniger Umweltaktivisten verdankt Sizilien, dass es heute über drei Naturparks und 90 weitere Reservate verfügt; mehr als 10 % der Inseloberfläche sind damit Schutzzonen. Im 60 000 ha großen **Ätna-Naturreservat** reicht das Spektrum der Vegetation von subtropisch-mediterran bis hochalpin. Das etwa 1600 ha große **Riserva Naturale dello Zingaro** am Golf von Castellammare gilt als Pionier der sizilianischen Naturschutzgebiete. Es entstand 1980 und verdankt seine Existenz einem Volksaufstand: Abertausende Sizilianer protestierten damals gegen die geplante Parzellierung einer ihrer schönsten Küsten, die zu gigantischen Bauspekulationen und zur Zubetonierung der Landschaft geführt hätte. Zwei benachbarte Inseln wurden gleich vollständig zu Schutzzonen erklärt: das zu den Isole Egadi zählende **Marettimo** und die Liparische Insel **Salina**.

Dass der Umweltschutzgedanke nach wie vor beständig von einem Korruptionsgeflecht aus Wirtschaft und Politik bedroht ist, zeigt u. a. die Entwicklung auf den Liparischen Inseln. Den Schutzauflagen der UNESCO zum Trotz realisierte man munter weitere Hotelprojekte, und auch der Bimssteinabbau wurde über Jahre hinweg nicht wie vereinbart eingestellt. Zeitweise drohte deshalb sogar die Aberkennung des Weltnaturerbestatus.

Die Menschen

Angefangen mit den Phöniziern hinterließen Griechen, Italer, Germanen, Araber, Berber, Franzosen, Spanier und Österreicher ihre Spuren in Sizilien. Neben dem dunkelhaarigen Typus trifft man also auch auf blonde Sizilianer.

Die einzige Gruppe, die nicht vollständig in diesem Völkergemisch aufgegangen ist, sind die Albaner, die u. a. in Piana degli Albanesi unweit Palermos leben: Ihre Vorfahren waren 1488 vor den Osmanen nach Sizilien geflohen; die Nachkommen haben bis heute Sprache und Traditionen aus Albanien bewahrt und befolgen den byzantinsch-orthodoxen Ritus. Eine abseits der sizilianischen Gesellschaft lebende Gruppe bilden die legalen und illegalen Fremdarbeiter aus den nordafrikanischen Ländern, vor allem aus Tunesien, die als Saisonarbeiter bei der Ernte, im Fischfang und als Straßenhändler ein mageres Auskommen finden.

Der sizilianische Dialekt hat sich aus dem Lateinischen entwickelt und Lehnwörter aus dem Arabischen, Spanischen und Griechischen übernommen. Der Klang des Sizilianischen ist etwas dunkler als das Hochitalienisch: Typische Endung des Sizilianischen ist das -u (anstelle des italienischen -o), der Artikel il verwandelt sich ebenfalls in ein u.

Kunst & Kultur

Architektur

Die größten, schönsten und am besten erhaltenen **hellenischen Heiligtümer** befinden sich nicht in Griechenland, sondern mit den großartigen Tempeln von Agrigento, Selinunte und Segesta auf Sizilien. Von unübertroffener Schönheit sind auch die Theater von Siracusa, Taormina und Tindari aus griechischer und römischer Zeit. Das Glanzstück der **Spätantike** stellt die Villa Romana del Casale mit ihrem Mosaikschmuck aus dem 3./4. Jh. n. Chr. bei Piazza Armerina dar.

Von der **arabischen Epoche** künden nur noch vereinzelte Monumente aus Stein. Doch nicht nur ein Großteil der von den **Normannen** und später von den **Staufern** ausgebauten Kastelle trägt die Handschrift der Muslime, auch wichtige Kirchenbauten des 12. Jhs. entstanden in einer einzigartigen Verschmelzung zweier Welten im sogenannten arabisch-normannischen Stil. Zu den Meisterwerken dieser goldenen Zeit zählen die Cappella Palatina im Palast von Palermo und der Dom von Monreale.

Weder die Gotik noch die Renaissance fassten inselweit Fuß, erst der **Barock** wurde zur dritten prägenden Epoche. Nach dem großen Erdbeben 1693, das weite Teile Siziliens zerstörte, erwuchsen Barockstädte wie Catania, Caltagirone, Ragusa, Modica, Noto oder Siracusa. Barockjuwele finden sich aber auch in Palermo. Wenig dagegen konnte die Insel dem schlichten Klassizismus abgewinnen. Erst wieder der **Jugendstil** stieß auf begeisterte Aufnahme.

Malerei, Musik, Literatur

Große Maler brachte Sizilien nur wenige hervor. »Das Licht verbrennt die Farben«, meinte dazu **Renato Guttuso** (1912–1987), der wichtigste sizilianische Künstler des 20. Jhs.

Mit **Antonello da Messina** (1430 bis 1479) hat die Insel aber doch einen berühmten Maler, dessen von den Flamen beeinflusste Werke man in den Museen von Palermo, Messina, Siracusa und Cefalù bewundern kann.

»Verkündungsmadonna« von Antonello da Messina, datiert auf 1474

Zwei Sizilianer von Weltrang leisteten ihren Beitrag zur klassischen Musik. Opern, Messen und Oratorien in unglaublicher Anzahl komponierte der Palermitaner **Alessandro Scarlatti** (1660–1725). Der Catanese **Vincenzo Bellini** (1801–1835) wiederum erlangte vor allem durch die Opern »Norma«, »I Puritani« und »La Sonnambula« internationalen Ruhm. Traditionelle sizilianische Musik ist stark ländlich geprägt. Beliebtes Instrument ist die *friscalettu* genannte kleine Rohrflöte. Messinas Männerchöre sind weit über Siziliens Grenzen bekannt. Folklore und moderne Musikelemente verbinden die **Fratelli Mancuso** zu einem eigenen, reizvollen Stil.

Meisterwerk arabisch-normannischer Baukunst: der Kreuzgang von Monreale

Wesentlich erfolgreicher sind die Schriftsteller der Insel, die mit **Luigi Pirandello** › S. 92 und **Salvatore Quasimodo** › S. 100 gleich zwei Literaturnobelpreisträger vorzuweisen hat. Mit Giovanni Verga, Elio Vittorini, Andrea Camilleri oder Leonardo Sciascia hat Sizilien zeitgenössische Autoren mit Millionenauflagen. Schriftstellerinnen sind noch rar: **Lara Cardellas** autobiografischer Roman »Ich wollte Hosen« liefert dafür vielleicht eine Erklärung, denn noch im 20. Jh. hatten Sizilianerinnen kaum etwas zu sagen. Lesenswert sind auch die historischen Sizilien-Romane von **Dacia Maraini**, z. B. »Die stumme Herzogin«. Die Spitze des Weltruhms aber hat **Giuseppe Tomasi di Lampedusa** (1896–1957) erreicht. Sein von Visconti verfilmter Roman »Il Gattopardo« (Der Leopard) › S. 99 zählt zum Großartigsten, was je in und über Sizilien geschrieben wurde.

SEITENBLICK

Crime-Time: Andrea Camilleri

Erst im Alter von 69 Jahren wurde der 1925 in Porto Empedocle bei Agrigento geborene Autor auf einen Schlag berühmt. Bekannt war er schon lange, als Regisseur und Drehbuchautor. Doch seine Romane, besonders seine Krimis, in denen Commissario Salvo Montalbano aus der sizilianischen Kleinstadt Vigàta einen zähen Kampf gegen das Verbrechen, die Mafia und kriminelle staatliche Stellen führt, wollte bis dahin kein Verlag drucken. Heute ist Andrea Camilleri beinahe ein Popstar unter den Autoren und Commissario Montalbano ähnlich berühmt wie seine literarischen Kollegen aus Venedig und Triest.

Buch-Tipp: LAWRENCE DURRELL, BLÜHENDER MANDELBAUM, Rowohlt TB 1997 (zurzeit nur antiquarisch erhältlich). Eine der schönsten literarischen Liebeserklärungen an Sizilien! Amüsant und unterhaltsam führt Durrell durch die Landschaften, Städte und die bewegte Vergangenheit der Insel.

Feste & Veranstaltungen

Dass der Festtagskalender Siziliens prall gefüllt ist, liegt u. a. an den zahllosen Heiligen. Knapp 700 Schutzpatroninnen und wenige -patrone wachen über die Orte der Insel; die Wahrscheinlichkeit ist also hoch, dass in einer der 390 Gemeinden gerade gefeiert wird.

Höhepunkt des Kirchenjahres ist dann die mit aufwühlenden Prozessionen begangene Karwoche, die **Settimana Santa**. Vor allem in Enna im Inselzentrum, aber auch in Agrigento, Caltanissetta, Erice und Trapani wird der Tod des Heilands in einem Trauerzug begangen. Verhüllt von Kopf bis Fuß und mit spitzen Hüten auf dem Haupt tragen die Männer der Stadt lebensgroße Statuen des toten Jesus und der trauernden Madonna von Sonnenuntergang bis zu den frühen Morgenstunden durch die Straßen.

Festlicher Umzug mit geschmückten Pferdewagen in Taormina

Festkalender

6. Januar: Mit einer Prozession begeht man im Bergdorf Piana degli Albanesi das **Dreikönigsfest.**

Februar: Die schönsten **Karnevals-umzüge** gibt es in Acireale, Sciacca und Taormina. In der ersten Februarhälfte feiert Agrigento eine Woche lang die **Sagra del Mandorlo in Fiore** (Mandelblütenfest) mit Folkloredarbietungen aus aller Welt.

3.–5. Februar: Catania begeht das Fest seiner Schutzpatronin Agata mit der **Prozession der Cannalori,** meterhohen, aus Holz geschnitzten und mit Kerzen geschmückten Kandelabern.

März/April: **Gründonnerstags- und Karfreitags-Prozessionen** auf ganz Sizilien.

April/Mai: Taormina inszeniert als großes Spektakel für Touristen **Umzüge mit kunstvoll bemalten Pferdewagen.**

Mai/Juni: Hochsaison der **Feste der Ortsheiligen** mit Umzügen, Musikkapellen und abschließendem großem Feuerwerk.

11.–15. Juli: Palermo feiert seine Stadtpatronin **Rosalia.**

August: Große **Regatten** vor Marsala, Siracusa und Catania mit Vorführungen historischer Boote.

10.–15. August: **Blumenfeste** in Trapani und Erice; Höhepunkt ist ein Korso mit reich geschmückten Wagen.

14./15. August: Spektakulär feiert Messina **Mariä Himmelfahrt** mit einem Triumphwagen der hl. Jungfrau, der von den *giganti,* zwei je 9 m hohen Holzfiguren, begleitet wird. In Piazza Armerina findet der **Palio dei Normanni** statt.

3./4. September: **Pilgerprozession** zur Rosaliengrotte am Monte Pellegrino von Palermo.

8./9. September: **Fest der Schwarzen Madonna** von **Tindari** und der Maria von **Gibilmanna.**

13.–20. Dezember: **Fest der hl. Lucia,** der Stadtpatronin von Siracusa.

Weihnachten: **Prozessionen** und **Wintersonnwendfeuer** vor vielen Kirchen der Insel.

Essen & Trinken

Zuerst die gute Nachricht: Die sizilianische Küche beinhaltet fast alle Köstlichkeiten, mit denen auch die italienische aufwartet – und noch ein bisschen mehr. Dann die schlechte: Nirgendwo isst man so miserabel und teuer wie in und um Taormina. Rühmliche Ausnahmen gibt es freilich auch hier, doch vor allem um Lokale mit dem bekannten Schild menu turistico sollte man einen großen Bogen machen.

Nicht nur viel billiger, sondern oft auch besser als im Hotel ist das Frühstück in der nächsten Bar. Ein Kaffee und ein ofenwarmes *cornetto* (Hörnchen) oder im Sommer eine Mandel-Granità genügen meist für den Beginn des Tages, denn bereits am Mittag wird richtig gegessen.

Antipasti und Primo

Ohne geht's nicht: Jedes Menü beginnt mit einer mehr oder weniger gehalt-
vollen Vorspeise: Im Inselinneren und in den Bergregionen besteht sie meist
aus Schafskäse, getrockneten Tomaten, Salami und eingelegtem Gemüse.
Besonders schmackhaft ist *caponata*, Auberginen in einer scharfen Soße
aus Tomaten, Sellerie, Kapern, Essig, Oliven und Sardellen. An der Küste
beginnt man mit einem Thunfischcarpaccio oder Meeresfrüchtesalat. Köstliche Häppchen, die es oft auch in einfachen Bars als Snack zwischendurch
gibt, sind *panelle*, ein mit Kichererbsenmus gefülltes Schmalzgebäck, oder
arancine, gefüllte Reisbällchen. **50 Dinge** ⑯ › S. 14.

Auf die Vorspeise folgt traditionell ein Nudelgericht, sei es ganz einfach
bloß mit Tomaten und Olivenöl, sei es typisch sizilianisch wie *pasta con le
sarde* (Nudeln mit einer Soße aus Sardinen, wildem Fenchel, Rosinen,
Pinienkernen und Safran). *Pasta alla Norma* verheißt mediterranen Genuss
mit einer Soße aus Tomaten, Basilikum, Auberginen und Ricotta.

Typisch genießen

....

- Pizza und sizilianische Speziali-
täten genießt man in der **Antica
Focacceria San Francesco** in
Palermo, innen in Jugendstil-
ambiente oder im Freien auf der
Piazza vor der Kirche San Fran-
cesco. › S. 64
- In Monreale lockt nicht nur das
Pfauendekor in die **Taverna del
Pavone,** sondern auch die deli-
kate, in sizilianischen Traditionen
verwurzelte Küche. › S. 68
- Der beste Fisch-Couscous von
Trapani wird in der rustikalen
Trattoria del Porto zubereitet.
› S. 74.
- Schwertfisch, Kapern und wilder
Fenchel – das sind die Küchen-
basics auf den Liparischen Inseln.
In vollendeter Komposition wer-
den sie bei **E'Pulera** in Lipari-
Stadt serviert. › S. 143

Fisch, Fleisch und Gemüse

Schwertfisch *(pesce spada)* gilt als
Spezialität Ostsiziliens. In jeder Zu-
bereitung ist er ein Gedicht: ob gegrillt, als *involtini* (kleine Roula-
den) gefüllt und gerollt oder frisch
bzw. geräuchert und hauchdünn als
carpaccio mit einigen Tropfen Öl
serviert. *Sarde a beccafico* – mit Pinienkernen, Rosinen und allerlei
Kräutern gefüllte und gebackene
Sardinen – gelten als typisches Ge-
richt aus Palermo, das jedoch längst
auf der ganzen Insel verbreitet ist.
Beliebt sind auch *involtini alla siciliana*, Kalbfleischrouladen, die mit
Lorbeerblättern, Schinken, Pinienkernen, Semmelbröseln und Käse
gefüllt werden. Kleine Kalbsschnit-
zel, *scaloppine,* werden auf Sizilien
oftmals mit Speck, Knoblauch und
einem Glas Marsala abgeschmeckt.
Mit gemischten Fischplatten und
gegrillten oder frittierten Meeres-
früchten macht man an allen Küsten in der Regel gute Erfahrungen.

Köstliches Mandel- und Pistaziengebäck mit Pistazien aus Bronte

Vegetarier und Gemüsefans finden in der typischen Hausmannskost der Sizilianer ebenfalls ein wahres Schlaraffenland vor. Der Not jahrhundertelanger Armut gehorchend, ersann man die raffiniertesten Zubereitungsarten. Je nach Saison gelangt von Artischocken bis zu Zucchini jegliches Grünzeug in die Kochtöpfe. Zu den Klassikern gehören *pomodori alla siciliana,* mit Semmelbröseln, Sardinen, Oliven und Kapern gefüllte Tomaten, und *peperonata,* geschmortes Paprikagemüse.

Für Kochkurse pilgern Kenner nach Gangivecchio [H4], das versteckt in den Madoniebergen liegt. Familie Tornabene deckt manches Geheimnis der sizilianischen Küche auf und bereitet die Gerichte in ihrer Tenuta zu (Gangi, Tel. 34 65 71 75 29, www.gangivecchio.org).

Dolci

Sicherlich liegt es auch an der arabischen Vergangenheit, dass Süßigkeiten eine große Rolle spielen. Marzipan, Gebäck und Eis schließen jede Tafel ab. Auf dem Weg ins Büro holt man sich gern schnell etwas beim Zuckerbäcker, doch auch zu jeder anderen Tageszeit sind die *pasticcerie* gut besucht. An Festtagen bereitet man traditionell die *cassata* zu, eine Schichttorte aus mit Maraschino getränktem Biskuitteig, Ricotta und kandierten Früchten.

SEITENBLICK

Couscous

Der von Afrikas Küsten importierte Couscous-Eintopf mit Fisch oder Fleisch, Gemüse und eben Couscous schmeckt nirgendwo so köstlich wie in seinen westsizilianischen Wahlheimaten Trapani und Agrigento. Denn nur dort fängt man auch die Fischarten, die der Soße erst den typischen Geschmack verleihen. Der Couscous-Grieß wird mit Safran, Nelke, Zimt und Muskatnuss gewürzt.

Shopping

Die Auswahl an Mitbringseln ist groß, vor allem an kulinarischen Spezialitäten wie Wein, Olivenöl, Käse, Kapern, Mandelplätzchen und Honig, aber auch an Schnäppchen, die sich auf den Wochenmärkten machen lassen. An Souvenirkitsch in allen Preisklassen herrscht kein Mangel.

Achtung: Besonders an den Stränden sind fliegende Händler allgegenwärtig, die gefälschte Markenware anbieten. Nicht nur der Verkauf, sondern auch der Erwerb solcher Produkte ist jedoch strafbar und wird mit hohen Geldbußen geahndet, die sich auf mehrere Tausend Euro belaufen können!

Die schönsten Märkte

- Die Marktzone von **La Vucciria** in **Palermo** ist mittlerweile auch abends einen Besuch wert, wenn Bars, Lounges und zahlreiche Stände mit sizilianischem Fastfood geöffnet haben. › **S. 62**
- Auf dem **Il Ballarò** in **Palermo** sind die Afrikaner zu Hause, alles ist bunt, laut, sehenswert – und die Krapfen aus Kichererbsenmehl sind ein Gedicht. › **S. 62**
- Auf dem Fischmarkt **La Pescheria** in **Catania** treffen sich Fischer und Händler mit Restaurantbesitzern und Hausfrauen und diskutieren lauthals über Qualität und Preis. › **S. 116**
- In jedem Dorf wird einmal in der Woche Markt abgehalten – Einblicke in das Leben der Menschen auf dem Land, die hier einkaufen, ein Glas Wein schlürfen und bei einem Schwätzchen den neuesten Klatsch erfahren – z. B. freitags in **Petralia Soprana** [H4].

Bunte Souvenirs

Ein typisches Mitbringsel ist der **Carrettino,** der knallbunte Pferde- oder Eselwagen, den man fast überall in allen nur erdenklichen Größen erwerben kann. Als Original lädt er zu kurzen Spazierfahrten in den Touristenzentren ein. Aufwendig bemalt, können die Wagen zu wahren Kunstwerken mutieren, und Teile alter Karren erzielen auf den Antiquitätenmärkten astronomische Preise.

Bunt und gegenständlich oder mit arabesken Mustern versehen, erinnert die **Keramik** Siziliens an die Nähe zu Afrika und ist ein authentisches wie praktisches Mitbringsel. Begeisterung, nicht nur bei Kennern, weckt die Treppe »La Scala« von Caltagirone › **S. 97**. Ihre 142 mit Kacheln versehenen Stufen führen hinauf zur Kirche Santa Maria del Monte. Ist Keramik in Caltagirone ansonsten im Stadtbild eher versteckt, scheint sie in Santo Stefano di Camastra [J3] allgegenwärtig: Nahtlos reihen sich die Geschäfte aneinander und werben mit ihren Auslagen um die Käufergunst.

Rot und weiß – Wein aus Sizilien

Feine Trauben werden in ganz Italien kultiviert, die Weingüter haben mit deren Weiterverarbeitung inzwischen den internationalen Spitzenrang erreicht, und Sizilien spielt in der Oberliga mit – schließlich war man schon in der Antike der Weinlieferant. Drei Viertel des Inselweins ist weiß; zu den einheimischen Rebsorten zählen z. B. Bianco d'Alcamo und Etna Bianco sowie Inzolia und Grecanico, aus denen der bekannte Bianco der Kellerei Corvo gekeltert wird. Unter den roten Sorten sticht die autochthone Nero d'Avola hervor. Die Weine sind von dichtem Rot, ihr Geschmack ist von samtigem Körperreichtum geprägt. Qualitätsweine sind hervorragend lagerfähig. Berühmt für ihre exquisiten Tropfen ist die Kellerei **Planeta**, deren roter wie weißer »La Segreta« auch in vielen deutschen Weinhandlungen verkauft wird.

- **Planeta**
  Kellereien in Sambuca di Sicilia [D5], Menfi [C5], Vittoria [J9], Noto [L9], und Castiglione di Sicilia [M4].
  www.planeta.it
  Weinverkostungen nach Voranmeldung unter Tel. 092 51 95 54 60

Marsala

In der Umgebung von Marsala wird der gleichnamige Süßwein hergestellt, der seit 1969 den Status einer gesetzlich geschützten Ursprungsbezeichnung (DOC) hat. Es gibt die Sorten Oro (goldfarbig), Ambra (bernsteinfarben) und Rubino (rubinrot). Die **Cantina Pellegrino** liefert seit 1880 Qualitätsprodukte.

- **Cantina Pellegrino** [A4]
  Via del Fante 39
  Marsala
  www.carlopellegrino.it
  Führungen mit Verkostung nach Voranmeldung unter Tel. 09 23 71 99 70

Das Fischerstädtchen Cefalù hat schon häufig als Filmkulisse gedient

TOP-TOUREN
& SEHENS-
WERTES

PALERMO UND DER WESTEN

Kleine Inspiration

- **Volkstümliches Marionettentheater** anschauen in der Opera dei Pupi in Palermo › S. 61
- **Die artenreiche Unterwasserwelt** im Meeresschutzgebiet um die Insel Ustica erkunden › S. 65
- **Den Wochenendtrubel** im schicken Mondello erleben und sich im Bye bye Blues eine der Fischspezialitäten gönnen › S. 66
- **Beim Wandern** im Zingaro-Naturpark in die Stille einer archaischen Bergwelt eintauchen › S. 70
- **Durch die schachbrettartige Altstadt** von Marsala schlendern und die Nähe Nordafrikas spüren › S. 75

Palermo

Schätze der Normannenzeit in Palermo, antike Tempel in Segesta und Selinunte, Salinen, Wein und maurisches Erbe an der Westküste, stille Buchten und Wanderwege auf den Ägadischen Inseln und Pantelleria.

Für **Palermo** sollte man gewappnet sein: Den Besucher erwarten Duftkaskaden aus aller Herren Länder auf den Märkten, die atemberaubende Architektur der Normannen in Monreale, das orientalische Gassengewirr in der Altstadt, mondäne Boulevards mit Boutiquen der Top-Modelabels im modernen Palermo, Verkehrschaos und geschickte Trickdiebe – kurzum: Palermo ist die Essenz Siziliens. Erholung vom Trubel der Großstadt versprechen die herrlichen Strände um **Castellammare del Golfo** und die unberührte Natur des Zingaro-Naturreservats.

Um **Trapani, Marsala** und **Mazara del Vallo** ist Nordafrika ganz nah, nicht nur rein geografisch gesehen. Hier hielten sich die maurischen Eroberer am längsten, hier leben heute die meisten Immigranten und be-

reichern die sizilianische Kultur mit Köstlichkeiten wie Fisch-Couscous und verführerischen Süßigkeiten. Sonnendurchglühtes Bauernland und wehrhafte Bergstädte wie Erice sind im Hinterland der Küste zu erforschen, im Meer locken die **Ägadischen Inseln** und **Pantelleria** mit Badebuchten und Wanderwegen.

Natürlich sind auch im Westen Siziliens die ersten Siedler präsent. Phönizische Spuren sind auf der **Insel Mozia** zu besichtigen. Die Tempelanlagen von **Selinunte** und **Segesta** gehören zu den großartigsten Hinterlassenschaften griechischer Baumeister in Sizilien. Welche Zerstörungen Naturgewalten anrichten können, wird im 1968 schwer von einem Erdbeben getroffenen Tal von Belice und in der Ruinenstätte **Gibellina** deutlich.

Oben: Felsen rahmen die zauberhafte Bucht von Scopello
Links: Selinunte gilt als eindrucksvollste archäologische Ausgrabungsstätte Siziliens

Touren in der Region

Antike Tempel im Westen

Karte: Seite 52
Länge: 97 km **Dauer:** 1 Tag
Praktische Hinweise:

- Auf dieser Tour ist man mit dem Pkw am flexibelsten; öffentliche Verkehrsmittel verkehren teils nur in großen zeitlichen Abständen und halten nicht in jedem Ort.

Route: Erice › Calatafimi › Segesta › Salemi › Gibellina › Mazara del Vallo › Castelvetrano › Selinunte › Campobello di Mazara

Cagliari

Torrazzo
Grotta di Cala Mancina
S.Vito lo Capo
Aeroporto
Punta Ráisi
Santa Cresenzia
9
Riserva
Naturale
dello Zíngaro
Madonna
del Furi
Golfo di Cófano
Golfo di
Castellammare
Grotta dell'Uzzo
Castelluzzo
Monteler
Santuario
della Misericórdia
Torre Bennisti
Custonaci
Madonna
della Scala
3
Trapani
11
10
Erice
187
Castellammare
del Golfo
187
A29
Castello
Calatubo
Levanzo
12
Maraone
1
Buseto
7
Marettimo
Grotta
d. Genovese
Maraone
Formica
113
Alcamo
Lago
Poma
14
3
Favignana
Paceco
A29
8
Segesta
624
13
Favignana
115
Mgna.
Grande
751
Calatafími
Campreale
Palermo
Isole Egadi
(Ägadische Inseln)
Stagnone
16
Mozia
Marcanzotta
1
Cípir
Mozia
Trapani
M a
Salemi
119
15
Marsala
V a l
188
Torre
Busala
d i
22
Gibellina
Nuova
Lago
Strasatti
A r e n a
S.Ninfa
Castello
Calatamauro
Petrosino
115
S.S. Trinità
di Delia
Lago di
Trinità
Partanna
119
Sambi
di Sicil
Castelvetrano
21
Belice
S.Margherita
di Belice
Monti
17
Mazara
del Vallo
A29
1
Menfi
Cave
di Cusa
19
Campo-
bello di
Mazara
20
Marinella
di Selinunte
Selinunte
115
23
Sciacca
N
M i t t e l m e e r
0   20km
18 Pantelleria

Tour-Start:

Man verlässt **Erice** 10 › S. 71 auf der N 113 in Richtung Trapani und erreicht nach rund 35 km das Bauernstädtchen **Calatafimi** (9000 Einw.) [C4], wo in der Schlacht von Calatafimi am 15. Mai 1860 durch den glorreichen Sieg Garibaldis die Bourbonenherrschaft über Sizilien beendet wurde. Ein pompöses Denkmal erinnert an diese Schlacht; wesentlich schöner sind die beiden barocken Kirchen des Ortes. Von Calatafimi aus kann man einen Tempel in der Einsamkeit der weiten Hügellandschaft sehen: **Segesta** 8 › S. 69, für viele das auch wegen seiner einmaligen Lage schönste antike Heiligtum der Insel. Nehmen Sie sich mindestens eine Stunde Zeit für die herrlich gelegene Kultstätte!

Dann führt die Tour quer durch Westsizilien nach Süden: Nächste Station ist das 18 km entfernte Städtchen **Salemi** [C4] mit seinem restaurierten Stauferkastell aus dem 13. Jh.

Touren im Westen

Tour ❶

Antike Tempel im Westen

Erice › Calatafimi › Segesta › Salemi › Gibellina › Mazara del Vallo › Castelvetrano › Selinunte › Campobello di Mazara

Tour ❷

Auf den Spuren der Paten

Palermo › Montelepre › Piana degli Albanesi › Corleone › Prizzi › Palermo

Tour ❸

Ägadische Inseln

Trapani › Favignana › Marettimo › Levanzo › Trapani

Gedenktafeln erinnern ans Risorgimento, denn hier rief Giuseppe Garibaldi am 14. Mai 1860 die Diktatur über Sizilien aus. Einige Tage fungierte Salemi sogar als erste Hauptstadt des vereinten Italien. 1968 traf ein verheerendes Erdbeben die Region; das nahe Belice-Tal und das Städtchen **Gibellina** › S. 80 wurden dabei zerstört. Das fruchtbare Hinterland von **Mazara del Vallo** 17 › S. 76 prägen Weinberge, und **Castelvetrano** 21 › S. 80, das man nach weiteren 27 km erreicht, bietet sich für die Mittagsrast an, z. B. im Ristorante La Collinetta mit schöner Aussichtsterrasse. Von hier sind es noch 15 km ans Meer zu den Tempelanlagen von **Selinunte** 20 › S. 78. Nach eingehender Besichtigung der archäologischen Stätte können Sie noch einen Abstecher ins 15 km westlich gelegene **Campobello di Mazara** [B5] unternehmen und von dort 3,5 km in Richtung Südwesten zu den Steinbrüchen **Cave di Cusa** 19 › S. 78 (April–Sept. tgl. 9 bis 19, letzter Einlass 18 Uhr) fahren, in denen das Baumaterial für die Tempel von Selinunte gebrochen wurde.

Auf den Spuren der Paten

Route: Palermo › Montelepre › Piana degli Albanesi › Corleone › Prizzi › Palermo

Karte: Seite 52
Länge: 190 km **Dauer:** 1 Tag

Praktische Hinweise:
- Diese Tour unternimmt man am besten mit dem eigenen Fahrzeug. Die einzelnen Orte kann man zwar von Palermo aus mit dem Bus anfahren, zwischen ihnen besteht jedoch keine Verbindung.
- Falls das Museum Casa de Giuliano in Montelepre geschlossen sein sollte, kann man sich im Restaurant Castello di Giuliano nach dem Schlüssel erkundigen.

Tour-Start:

Palermo 1 › S. 56 galt lange als Mafiahochburg, doch die »Ehrenwerte Gesellschaft« stammte eher aus dem Hinterland der sizilianischen Hauptstadt. Die Tour führt auf der SP1 in Richtung Südwesten aus Palermo heraus und durch karge Berglandschaft in das 25 km entfernte, ärmliche **Montelepre** [D3]. Das Städtchen ist Geburtsort eines der berühmtesten sizilianischen Banditen, Salvatore Giuliano (1922 bis 1950). Der junge Salvatore errichtete mit Überfällen, Entführungen und Polizistenmorden ein Schreckensregime, das ihm trotz allem den Ruf eines sizilianischen Robin Hood einbrachte – bis er seine Leute am 1. Mai 1947 auf Bauern feuern ließ, die gegen die Feudalherren demonstrierten, und damit seine Position auf Seiten der Mafia klarstellte. 1950 wurde Giuliano von einem Unbekannten erschossen. Sein Neffe betreibt in seinem Geburtshaus das Museum **Casa di Giuliano** (Via Pietro Merra 189, tgl. 9–13, 15.30

bis 19 Uhr) mit Erinnerungsstücken und Fotos sowie einem Hotel-Restaurant (www.castellodigiuliano.it).

Über kleine Bergstraßen erreicht man das 30 km entfernte **Piana degli Albanesi** [D3], dessen 6000 Einw. zum großen Teil Albaner sind. Sie flohen im 15. Jh. vor den Osmanen nach Sizilien und haben Sprache, Traditionen und orthodoxen Glauben bewahrt. Nicht weit entfernt liegt der Pass Portella della Ginestra, wo Giuliano 1947 das Massaker an Zivilisten anrichtete, darunter auch an vielen Leuten aus Piana.

Nächster Stopp auf der Mafiatour ist das noch einmal 35 km weiter im Landesinneren gelegene **Corleone** [D4]. Dass man sich hier in der (einstigen) Machtzentrale der Cosa Nostra befindet, ist in dem unspektakulären Ort kaum zu spüren. Im **Museo Anti-Mafia** (Via Orfanotrofio 7, Tel.091 84 52 42 90, www. cidmacorleone.it, im Sommer tgl. 10–18 Uhr jede volle Stunde eine Führung, im Winter nach Voranmeldung) können Sie sich über die einstigen kriminellen Machenschaften informieren und sich danach im Al Capriccio €€, umzingelt von Fotografien aus vergangenen Mafiatagen, ein richtig leckeres *menu turistico* schmecken lassen (Via San Agostino 41, Tel. 09 18 46 79 38, www.trattoria-alcapriccio.it).

Auf über 1000 m Höhe klettert die Route zum malerischen Bergstädtchen **Prizzi** [E5] mit schmalen Gässchen und mehreren barocken Kirchen. Dessen Namen bringt man v. a. wegen John Hustons Film »Die Ehre der Prizzis« mit der Mafia in Verbindung. Rund um die Piazza Sparacio schmücken farbenfrohe Wandbilder, *murales,* die Hauswände, ein Projekt der Kunsthochschule von Palermo (www.prolocohippa naprizzi.it). Nach gut einer Autostunde ist man von hier zurück in Palermo.

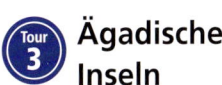 Ägadische Inseln

Tour-Start:

Um ca. 8 Uhr startet in der Hochsaison das erste Schnellboot von **Trapani** 11 › S. 72 in Richtung **Favignana** 13 › S. 74, die Fahrt dauert eine Viertelstunde; mit der Autofähre (Start 10 Uhr) ist man eine gute Stunde unterwegs. Für das weitgehend flache Favignana ist das Fahrrad das ideale Verkehrsmittel; es gibt mehrere Verleiher vor Ort. Zum Baden strampelt man am besten zum **Lido Burrone,** einem schönen Sandstrand im Inselsüden. Taucher finden vor Favignana herrliche Unterwasserreviere.

Um 16 Uhr geht es schon weiter, dann legt der Aliscafo in Richtung **Marettimo** 14 › **S. 74** ab, ein Reiseziel für Individualisten und Leute, die gern wandern. Übernachten können Sie zum Beispiel im Hotel Marettimo Residence › **S. 75.** Wandern, etwa zu den Fundamenten römischer Villen, und Baden stehen am folgenden Tag auf dem Programm, bevor Sie per Schnellboot am Nachmittag in Richtung Küste auf die kleinste Ägadeninsel **Levanzo** 12 › **S. 74** mit ihrer mehr als sehenswerten steinzeitlichen Grotta del Genovese übersetzen. Nach der Besichtigung der Höhle kehren Sie mit dem letzten Schiff gegen 20 Uhr nach Trapani zurück.

Unterwegs in Palermo 1 ⭐ [E2–3]

Mit feierlichem Ernst begrüßt Palermo seine Besucher: Wie eine von der Bühne abgetretene Primadonna schmückt es sich trotz trister Peripherie und Altstadtslums stolz mit dem Beinamen »Conca d'Oro«, Goldene Muschel. Heute leben etwa 800 000 Menschen im Großraum Palermo, rund 650 000 davon in der Stadt selbst.

Die Inselmetropole war im Gegensatz zu allen anderen bedeutenden Ansiedlungen Siziliens keine hellenische, sondern eine phönizische Gründung. Ziz, Blume, hieß sie im 8. Jh. v. Chr. Panormos, All-Hafen, tauften dann die Griechen die Karthagerstadt, die sie 300 Jahre später mehrmals vergeblich belagerten. Erst die Römer eroberten sie Mitte des 3. Jhs. v. Chr. Eine Blüte erlebte sie 300 Jahre später, nachdem die Araber Sizilien eingenommen hatten. Sie schufen die Golde-ne Muschel, in der Abertausende Orangenbäume wuchsen. Verzaubert standen dann 1072 die Normannen vor diesem irdischen Paradies. Statt blindlings zu zerstören, verschmolzen sie das vorhandene Wissen mit ihrer Kultur, und herrliche Bauwerke wie die Cappella Palatina oder der Dom von Monreale entstanden. Als das Haus Aragón an die Macht kam, war Palermos goldene Zeit nur noch ein flüchtiger Traum. Nach den Aragonesen, die Sizilien bald der spanischen Krone zuschlugen, brach die lange Epoche der Vizekönige an: Palermo musste seine Rolle als Hauptstadt des Königreiches an Neapel abtreten.

In jüngster Zeit war vor allem die Befreiung der Stadt aus dem Griff der Mafia von zentraler Bedeutung. Diese Aufbruchstimmung hat der alten Dame gut getan. Seitdem wird überall restauriert und gebaut.

I Quattro Canti  A [b2]

»Die vier Ecken« heißt die Kreu-
zung im Herzen Palermos, deren
offizieller Name **Piazza Vigliena** auf
den spanischen Vizekönig verweist,
dem der barocke Platz mit Brunnen
und Statuen sein Erscheinungsbild
verdankt. Vigliena setzte Anfang
des 17. Jhs. fort, was sein Vorgänger
Maqueda begonnen hatte: Er ließ
aus dem mittelalterlichen Gassengewirr Schneisen schlagen, um Licht
und Luft ins Zentrum zu bringen.
Bis zu diesem Zeitpunkt durchquer-
te bloß eine einzige breite Straße,
der Cassaro (heute die Via Vittorio
Emanuele II.), Palermo.

Mosaikkunst in La Martorana

Piazza Pretoria und Piazza Bellini

Hinter dem westlichen Eckgebäude
der Quattro Canti liegt die Piazza
Pretoria mit einem manieristischen,
von heidnischen Gottheiten und
exotischen Tieren bevölkerten Brunnen, der **Fontana di Pretoria** B [b2],
und dem **Palazzo Senatorio**, dem
Rathaus. Dessen Südseite blickt auf
die drei Kirchen der Piazza Bellini.
   Zunächst fallen die barocke **Chiesa Santa Catarina** C [b2] und die
Marienkirche **La Martorana** D ★
[b2] ins Auge. Letztere wurde von
Georg von Antiochia, dem Admiral
Rogers II., 1143 errichtet. Sie wurde
mehrmals umgebaut. Ihre Goldmo-
saiken zählen zu den wertvollsten
Relikten der normannischen Epoche
(Mo–Sa 9.30–13, 15.30–17.30, So
9–10.30 Uhr). Die Kirche **San Catal-**

do daneben wurde im 12. Jh. im
arabisch-normannischen Stil errichtet. Sie ist im Besitz des Ordens der
Ritter des hl. Grabes. Das Wappen
ist am Tor und im Fenster zu sehen
(tgl. 9.30–12.30, 15–18 Uhr).

Il Gesù E [b3]

Lohnend ist ein Blick in das Innere
der Jesuitenkirche (auch **Casa Pro-
fessa** genannt), wo sich überbordende barocke Pracht entfaltet. Einzigartig sind die Marmorreliefs an
den Pfeilern (Mo–Sa 6.30–13, 16 bis
19, So 6.30–12.30, 17–18.30 Uhr).

Chiesa del Carmine F [b3]

Die im 17. Jh. errichtete **Chiesa del
Carmine** mit ihrer enormen, von
vier Atlanten getragenen Majo-
likakuppel liegt im Gassengewirr
des ehemaligen arabischen Hand-
werkerviertels und bewahrt die Statuen der Bildhauerfamilie Gagini
(tgl. 9–11 Uhr).

Kathedrale 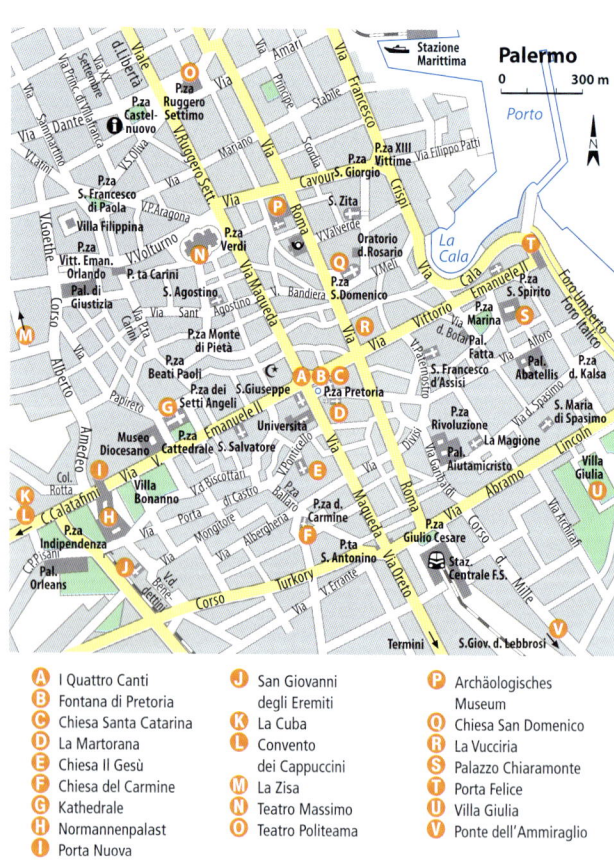 [a2]

Der westliche Teil des Cassaro (arabisch: Palastweg) führt zur 1185 begonnenen Kathedrale. Die drei Apsiden (Bogendekor) erinnern an die Normannenzeit. Die Fassade mit gotischem Portal stammt aus dem 14./15. Jh., den Eingang an der dem Platz zugewandten Seite schmückt ein Renaissanceportikus. Die Kuppel ist ein Werk des 18. Jhs.

Hauptanziehungspunkt sind die **Kaisergräber** ★ rechts vom Haupteingang. Hier ruhen in kostbaren Porphyrsarkophagen Kaiser Friedrich II. und sein Vater Heinrich VI. von Hohenstaufen (1. Reihe), dahinter Normannenkönig Roger II. und seine Tochter Konstanze (die Ehefrau Heinrichs VI. und Mutter Friedrichs II.). An der rechten Seitenwand wurde in einem antiken Sarkophag (3. Jh. n. Chr.) Konstan-

Die Kathedrale von Palermo

ze von Aragón bestattet (Kathedrale Mo–Sa 7–19, So 8–13, 16–19 Uhr, Kaisergräber Mo–Sa 9–13.30, So bis 13 Uhr, Krypta Mo–Sa 9.30–13.30 Uhr, www.cattedrale.palermo.it).

Der Domfassade gegenüber und mit einem Rundbogen verbunden steht der **Erzbischöfliche Palast** mit einem Diözesanmuseum (Di–Fr, So 9.30–13.30, Sa 10–18 Uhr).

Normannen-palast ⭐ [a3]

Der Normannenpalast steht auf der höchsten Stelle des mittelalterlichen Palermo und gilt seit fast einem Jahrtausend als politisches Machtzentrum der Insel. Heute tagt hier das sizilianische Regionalparlament. Von Umbauten des frühen 17. Jhs. unberührt blieb nur die mosaikenverzierte **Stanza di Ruggero**.

Im Inneren der nur mit Superlativen zu beschreibenden, von 1130 bis 1140 errichteten Palastkapelle **Cappella Palatina** ⭐ verschmelzen antike, arabische, byzantinische und romanische Stilelemente zu einem Gesamtkunstwerk. Den Fußboden zieren arabisch-römische Steineinlegearbeiten, die Wände der Seitenschiffe sind unten marmorverkleidet und oben mit Mosaiken verziert. Christus als Pantokrator schmückt die Kuppel. Eine besondere Kostbarkeit ist die Holzdecke des Mittelschiffs, deren geschnitzte Stalaktiten mit zahllosen kleinen Alltagsszenen aus dem Orient bemalt sind (Palast und Kapelle Mo–Sa 8.15–17.40, So bis 13 Uhr, www.fondazionefederi cosecondo.it).

Porta Nuova ❶

Die **Porta Nuova** wurde 1583 als Triumphtor für Karl V. zur Erinnerung an den erfolgreichen Kriegszug des Kaisers gegen das Piratenunwesen im Mittelmeer (1535) errichtet. Ihr Gebälk tragen die besiegten Mauren.

Vereint normannische und arabische Einflüsse: San Giovanni degli Eremiti

San Giovanni degli Eremiti ❶ ⭐ [a3]

Das Kloster **San Giovanni degli Eremiti** erkennt man an den rosaroten Kuppeln. Das Bauwerk ist eines der schönsten der Normannen, von Roger II. 1132 als erstes römisch-katholisches Kloster im Stil einer Moschee in Auftrag gegeben. Besonders stimmungsvoll ist der Kreuzgang mit arabischem Brunnen (Di–Sa 9–19, So, Mo bis 13 Uhr).

Corso Calatafimi [a3]

Ab der Piazza Indipendenza mit dem von einem prachtvollen Park umgebenen **Palazzo Orléans** führt der Corso Calatafimi Richtung Monreale. An seiner linken Seite kommt ca. 1 km nach dem Normannenpalast ein im arabischen Stil 1180 errichtetes Jagdschloss des Normannenkönigs Wilhelm des Guten in Sicht, der geometrische Bau **La Cuba** ❸ [a3]. Der Name des einst auf einer Insel in einem künstlichen Teich platzierten Palastes leitet sich von Alcuba (Gewölbe) ab. Die Reste des Palastes sind zugänglich (Mo bis Sa 9–13, 14–18.30, So 9–13 Uhr).

Convento dei Cappuccini ❶ [a3]

Die Via Pindemonte führt zu der makabersten Sehenswürdigkeit der Stadt: In den **Katakomben** des **Kapuzinerklosters** wurden über Jahrhunderte hinweg die Leichen der Mönche sowie der vornehmsten Palermitaner mumifiziert und vollständig eingekleidet aufbewahrt. Rund 8000 Mumien aus dem 16. bis 20. Jh. kann man ins Gesicht sehen (Mo–Sa 9–13, 15–18, So 9–13 Uhr).

La Zisa ❿ [a2]

Das Lustschloss des Normannenkönigs Wilhelm II. entstand im 12. Jh. in schönster arabisch-normannischer Manier. Die herrliche Vorhalle zieren Stalaktitgewölbe, Springbrunnen sowie ein schöner

Mosaikfries; das darin unterge-brachte **Museo d'Arte Islamica** prä-sentiert Holzschnitzarbeiten (Di–Sa 9–18.30, So, Mo bis 13 Uhr).

Via Maqueda [b2–3]

Die Via Maqueda bildet mit ihrer Fortsetzung als **Via Ruggero Settimo** den elegantesten Einkaufsboule-vard der Stadt: Hier laden Nobel-boutiquen und Juwelierläden zum Einkauf ein. Weiter nördlich öffnet sie sich zur Piazza Verdi mit dem **Teatro Massimo** Ⓝ [a2]. Nach der Scala und dem San Carlo in Neapel ist es eines der bedeutendsten Opernhäuser Italiens. Es wurde 1897 von Giovanni Battista Basile und seinem Sohn Ernesto erbaut (Tel. 09 16 05 35 80, www.teatromas simo.it).

Eine unterhaltsame Alternative zum Teatro Massimo ist die **Opera dei Pupi** [b1], in der berühmte palermitanische Marionettenspieler die Puppen tanzen lassen. Die Stü-cke richten sich an ein erwachsenes Publikum. Man sollte rechtzeitig Karten reservieren (Via Bara all' Olivella 95, Tel. 091 32 34 00, www. figlidartecutticchio.com).

Die Via Ruggero Settimo führt dann weiter zu einem Doppelplatz: Piazza Castelnuovo und Piazza Po-liteama. Das auch **Garibaldi-Theater** genannte **Teatro Politeama** Ⓞ [a1] ist heute Spielstätte des sizilia-nischen Sinfonieorchesters (www.or chestrasinfonicasiciliana.it).

Er ist schön, aber nicht eben ein-fach zu finden: Dem Palermitaner Jugendstil – **Stile Liberty** genannt –

begegnet man vor allem noch in dem hellen, freundlichen Stadtvier-tel nördlich des Platzes.

Archäologisches Museum Ⓟ ⭐ [b1]

Die umfangreiche Sammlung des grandiosen **Archäologischen Muse-ums** (Museo Regionale Archeologi-co) wartet mit einzigartigen Schät-zen aus den antiken Stätten Siziliens auf. Untergebracht ist sie stilvoll im ehemaligen Kloster San Filippo Neri aus dem 16. Jh. Highlights sind der **Tympanonschmuck** des ältesten Tem-pels von Selinunte (570–560 v. Chr.), der **Löwenkopf-Wasserspeier** ⭐ des Tempels von Himera (480 v. Chr.), der **Bronze-Ephebe** (470 v. Chr.) so-wie die **Metopen von Selinunte** ⭐ (6./5. Jh. v. Chr.). Die Reliefs zählen zu den berühmtesten bildlichen Darstellungen der Antike (Piazza Olivella 24, Tel. 09 16 11 68 05, www. regione.sicilia.it, Di–Fr 9.30–19, Sa, So bis 13 Uhr).

Piazza San Domenico [b2]

Hier stehen die barockisierte **Chiesa San Domenico** Ⓞ [b2] (14. Jh.) mit Grabdenkmälern von berühmten Sizilianern (Mo–Fr 9–11, Sa, So 9 bis12, 17–18 Uhr) sowie das **Orato-rio del Rosario** aus dem 16. Jh. Das Oratorium der Rosenkranzbrüder schmücken üppige Stuckreliefs von Giacomo Serpotta (Mo–Fr 9–18, Sa bis 15, im Winter Mo–Sa 9–15 Uhr).

Vital und sinnenfroh: der Mercato La Vucciria

Shopping

Zwischen Via Roma und Hafen erstreckt sich einer der ältesten Stadtteilmärkte Palermos: **La Vucciria** 🆁 [b2]. Von frühmorgens bis zur Siestastunde werden hier Obst, Gemüse, Fisch und Fleisch verkauft. **50 Dinge** ⑭ › S. 14. Bunt und quirlig geht es auch auf dem **Mercato di Ballarò** [b3] (Via Ballarò) zu; Lebensmittel, Tand und Second-Hand-Mode gibt's auf dem **Mercato del Capo** [a2] im gleichnamigen Stadtviertel. **50 Dinge** ㉓ › S. 15.

Palazzo Chiaramonte 🆂 [c2]

Der **Giardino Garibaldi,** wo Büsten an Garibaldis Kampfgefährten erinnern (tgl. 8–18 Uhr), bildet den stilvollen Rahmen für den auch **Lo Steri** genannten Palazzo aus dem 14. Jh., der noch deutlich normannisch-arabische Elemente aufweist. Heute beherbergt er das Universitätsrektorat.

Uferpromenade [c1–2]

Vom alten Hafen La Cala, dem »All-Hafen« der Antike, gelangt man zum barocken Triumphtor **Porta Felice** 🆃 [c1/2]. Die im Zweiten Weltkrieg weitgehend zerbombte Uferpromenade Foro Italico führt zur **Villa Giulia** 🆄 [c3] mit einem Rokokogarten (tgl. 8 Uhr bis Sonnenuntergang). Gleich daneben liegt der vielleicht schönste **Botanische Garten** Italiens (Via Lincoln 2, im Sommer tgl. 9–19, im Winter bis 17 Uhr).

Corso dei Mille [c3]

Dem Corso dei Mille etwa 1 km stadtauswärts folgend gelangt man zum 1113 errichteten, siebenbogigen **Ponte dell'Ammiraglio** 🆅 [c3]. Noch einmal 500 m weiter befindet sich bei der Hausnummer 384 der Zugang zur Via Salvatore Cappello mit der Aussätzigenkirche **San Giovanni dei Lebbrosi** ⭐. 1071 von Roger I. damals vor der mittelalterlichen Stadt errichtet, zählt das heute von Palmen umgebene Kirchlein zu den ältesten Normannenbauten der Insel; die Anbauten aus der Barockzeit hat man in den 1930er-Jahren entfernt (Mo–Sa 9–11, 16 bis 19, So 7.30–12.30 Uhr).

Infos
AAPIT
• Piazza Castelnuovo 34 | Palermo
  Tel. 09 16 05 83 51
  www.palermotourism.com
  Weitere Infobüros im Flughafen, auf der Piazza Bellini und auf der Piazza del Duomo in Monreale.

Verkehr
• Der internationale **Flughafen** Falcone e Borsellino liegt in Punta Raisi 25 km außerhalb (Tel. 800 54 18 80, www.gesap.it). Von hier fährt ein Bus zum Hauptbahnhof.
• Direkte **Bahnverbindungen** bestehen nach Rom, zu den wichtigsten Städten Norditaliens sowie nach Messina, Catania, Siracusa, Agrigento und Trapani (Tel. 89 20 21, www.trenitalia.com).
• **Fähren** verkehren regelmäßig nach Genua, Livorno, Civitavecchia (Rom), Neapel, Tunis und Cagliari, weiterhin zu den Liparischen Inseln und zur Insel Ustica. Fahrpläne und Preise auf den Webseiten der Fährgesellschaften Siremar (www.siremar.it), Tirrenia (www.tirrenia.it) und Grandi Navi Veloci (www.gnv.it).
• **Parkplätze** in der Innenstadt von Palermo sind rar, am besten nutzt man öffentliche Verkehrsmittel.
• Ein **Taxi** bestellen kann man unter Tel. 091 51 33 11 oder online über www.autoradiotaxi.it.

Hotels
Grand Hotel et des Palmes €€€
Eleganter Jugendstil im Herzen Palermos. Schon Richard Wagner logierte hier.
• Via Roma 398 | Palermo
  Tel. 09 16 02 81 11
  www.grandhotel-et-des-palmes.com

Villa Igiea €€€
Luxushotel in einer Jugendstilvilla mit herrlichem Garten über dem Meer.
• Salita Belmonte 43 | Palermo
  Tel. 09 16 31 21 11
  www.villa-igiea.com

Alla Kala €€–€€€
Luxuriöses B & B mit Blick über den Hafen; helle, modern gestaltete Zimmer und sehr persönlicher Service.
• Corso Vittorio Emanuele 71
  Palermo
  Tel. 09 17 43 47 63
  www.allakala.it

Cortese €€
Gepflegte, günstige Unterkunft in zentraler Lage.
• Via Scarparelli 16 | Palermo
  Tel. 091 33 17 22
  www.hotelcortese.info

Villa Archirafi €€
Ruhige 40-Zimmer-Villa in der Nähe des botanischen Gartens.
• Via Lincoln 30 | Palermo
  Tel. 09 16 16 88 27
  www.villaarchirafi.com

Restaurants
A Cuccagna €€
Elegantes Restaurant für den besonderen Abend; Spezialität sind Rigatoni mit Thunfisch und Minze.

• Via Principe di Granatelli 21/A
  Palermo | Tel. 091 58 72 67
  www.acuccagna.com

Antica Focacceria San Francesco €€
❗ Sizilianische Spezialitäten, auch leckere Snacks, im Herzen der Altstadt.
• Via Alessandro Paternostro 58
  Palermo | Tel. 091 32 02 64
  http://afsf.it

Caffè Letterario €€
Tagsüber ein stiller, angenehmer Ort,
abends Forum für literarische Veranstal-
tungen. Gute Weine, Panini und Salate.
• Parco Culturale del Gattopardo
  Foro Umberto I
  Palermo
  Tel. 09 16 25 40 11
  www.parcotomasi.it

Capricci di Sicilia €€
Traditionelle Gerichte.
• Piazza Luigi Sturzo 4 | Palermo
  Tel. 091 32 77 77
  www.capriccidisicilia.it
  Mo geschl.

Bellini €–€€
Die Pizzen sind eher von durchschnitt-
licher Qualität, aber man sitzt schön mit
Blick auf die Piazza.
• Piazza Bellini 6 | Palermo
  Tel. 09 16 16 56 91

Casa del Brodo €–€€
Kleine Trattoria im Zentrum mit hervorragenden Suppen – alles andere
schmeckt ebenfalls. Mi geschl.
• Corso Vittorio Emanuele 175
  Palermo | Tel. 091 32 16 55
  www.casadelbrodo.it
  Im Sommer So, im Winter Mi geschl.

Kursaal Kalhesa
Restaurant und Weinbar, Topadresse für
Jazzfans in einem historischen Gewölbe.
• Foro Umberto I 21 | Palermo
  Tel. 09 16 16 22 82
  www.kursaalkalhesa.it

Cafè 442
Beliebter Club, aufgelegt wird House.
• Piazza Don Bosco 1 | Palermo
  www.facebook.com/cafe442

Ausflüge von Palermo

Monte Pellegrino ➋ [E2]
Der mächtige Kalkblock des Monte
Pellegrino (606 m) bietet schöne
Ausblicke auf die Stadt. Bus 812 ver-
kehrt mehrmals täglich vom Teatro
Politeama zum Santuario di Santa
Rosalia. Auf dem Berg gefundene
Opfergaben lassen darauf schließen, dass hier von alters her Heiligtümer standen. Ziel heutiger Pilger
ist die **hl. Rosalia,** die Schutzpatronin von Palermo. Nach der Legende
erschien während der Pestepidemie
von 1624 die 500 Jahre zuvor ver-
storbene Nichte des Normannenkönigs Wilhelm II. einem Jäger im
Traum. Sie befahl ihm, ihre Gebeine
am Monte Pellegrino zu suchen und
nach Palermo zurückzubringen, wo-
raufhin die Seuche nicht weiter um
sich griff. Zwischen zwei hohen
Felsen führt die 1625 errichtete
Wallfahrtskirche in eine 25 m tiefe
Grotte; die Rosalia-Skulptur schuf
Gregorio Tedeschi im 18. Jh. Vom
Heiligtum (412 m) geht es zu Fuß

noch 1,5 km weiter bis zu einem Belvedere mit einer riesigen Statue der hl. Rosalia. Zum Gedenken an das Wunder findet in der Inselhauptstadt alljährlich am 15. Juli ein prunkvoller Umzug statt.

Ustica **3** [E1]

Die 8,5 km² große, annähernd runde Vulkaninsel im Tyrrhenischen Meer ist von Palermo aus mit Schnellbooten (1,25 Std.) und Fähren (2,5 Std.) der Siremar zu erreichen. Der grottenreiche Untergrund mit Höhlen und Sandbänken bietet verschiedensten Meerestieren und -pflanzen eine Heimat, deswegen wurde hier 1986 der erste Unterwassernaturschutzpark Italiens eingerichtet. Die Küste ist sehr abwechslungsreich, mit zahlreichen Grotten und Felsbuchten. In etwa 3 Std. können Sie die Insel zu Fuß umrunden und dabei zahlreiche Buchten erkunden.

Info

Riserva Naturale Marina
• Centro Accoglienza | Piazza Umberto I
Ustica | Tel. 09 18 44 81 24
www.ampustica.it

Fähre

Siremar
• Piazza Capitano Bartolo 15 | Ustica
Tel. 09 18 44 90 02 | www.siremar.it

Hotels

Ariston €€
Familiär geführtes Hotel am Hafen.
• Via della Vittoria 5 | Ustica
Tel. 09 18 44 93 35
www.usticahotels.it

Vergine Maria unterhalb des Monte Pellegrino

Diana €
Einfaches Haus in kleinem Park an der Steilküste mit Zugang zum Meer.
• Contrada S. Paolo | Ustica
Tel. 09 18 44 91 09
www.hoteldiana-ustica.com

Restaurant

Ristorante da Umberto €€
Gute Trattoria, Infobörse, Veranstaltung von Ausflügen und Zimmervermittlung.
• Piazza della Vittoria 7 | Ustica
Tel. 09 18 44 95 42 | www.usticatour.it

Tauchen

Alta Marea
• Via S. F.sco al Borgo 9 | Ustica
Tel. 33 81 85 02 89
www.altamareaustica.it

Profondo Blu Ustica
• Ustica | Tel. 09 18 44 96 09
www.ustica-diving.it

Unterwegs im Westen

Mondello 4 [E2]

Das mondäne Seebad erstreckt sich 11 km nördlich von Palermo ! entlang einer malerischen Bucht mit schönem, weißem Sandstrand zwischen den Erhebungen des **Monte Gallo** (561 m) und des **Monte Pellegrino** › S. 64. Jugendstilvillen, Pavillons und Badeanstalten aus der Zeit um 1900 verleihen dem alten Fischerort ein nostalgisches Gepräge. An Wochentagen ist es hier recht ruhig – nur im Juli und August ändert sich das. An den Wochenenden scheint sich dagegen ganz Palermo ein Stelldichein zu geben.

Verkehr
Mehrere **Stadtbuslinien** (u. a. 806, 833) fahren bis 21 Uhr direkt und in kurzen Intervallen nach Palermo.

Hotels
Conchiglia d'Oro €€
Einfaches Hotel in einem schönen Villenvorort. Mit Restaurant und Swimmingpool. 600 m bis zum Strand.
• Viale Cloe 9 | Mondello
  Tel. 091 45 03 59
  www.hotelconchigliadoro.com

Villa Esperia €€
Charmante Jugendstilvilla in Meereshöhe mit gut ausgestatteten Zimmern, angeschlossen ist ein Restaurant mit guter sizilianischer Küche.
• Viale Margherita di Savoia 53
  Mondello | Tel. 09 16 84 07 17
  www.hotelvillaesperia.it

Restaurants
Alle Terrazze €€–€€€
Elegantes Traditionslokal mit Pizzeria auf einem Pier über dem Meer.
• Viale Regina Elena | Mondello
  Tel. 09 16 26 29 03
  www.alleterrazze.it | Di geschl.

Bye Bye Blues €€
Eines der besten Lokale (ein Michelin-Stern) im Umkreis mit kreativen (Fisch-)Spezialitäten, im Sommer mit Garten.
• Via del Garofalo 23 | Mondello
  Tel. 09 16 84 14 15
  www.byebyeblues.it
  Nur abends, Di geschl.

Da Nicolo e Figli €€
Ausgezeichnete Fischgerichte und Pasta-Variationen auf Meeresfrüchtebasis.
• Piazza Mondello 44 | Mondello
  Tel. 091 45 34 89

Monreale 5 [D3]

Das kleine Städtchen (40 000 Einw.) oberhalb von Palermo liegt wie eine Aussichtsterrasse mit grandiosem Panoramablick über die Conca d'Oro nur 8 km vom Zentrum der Inselhauptstadt entfernt. Zu Weltruhm kam Monreale wegen seines 1174 vom Normannenkönig Wilhelm II. begründeten Doms.

Santa Maria la Nuova ⭐

Der Dom verdankt seine einheitliche Gestaltung der raschen Fertigstellung in knapp 20 Jahren Bauzeit.

Berühmt für seine byzantinischen Mosaiken: der Dom von Monreale

Die Schmuckseite liegt nicht an der Vorderfront, auch wenn das Hauptportal mit **Bronzetüren** von Bonannus von Pisa (1186) mit biblischen Themen eine Kostbarkeit für sich darstellt. Der klassizistische **Portikus** ist eine unglückliche Ergänzung des 18. Jhs. Dekorative Elemente zieren die **Apsiden,** an denen sich in islamischer Tradition schwarze und weiße Lava zu einem Muster aus überschneidenden Spitzbogenarkaden, Rosetten und Friesen verweben. Die ursprünglich schlichte Nordseite mit Bronzetüren von Barisanus von Trani aus dem 12. Jh. erhielt im 16. Jh. ebenfalls einen Portikus.

Das Hauptportal wird nur zu hohen Festtagen geöffnet; man betritt den Dom durch den Seiteneingang an der Längsfront – und ist überwältigt. In diffusem Licht schimmert überall Gold. Jede Wand, jede Wölbung ist mit **Mosaiken** ausgeschmückt, insgesamt fügen sich 6340 m² goldunterlegte bunte Steine im dreischiffigen Langhaus unter einer Balkendecke zusammen (1182 vollendet) – dominiert von der übermächtigen Figur des **Christus Pantokrator** (Mo–Sa 8.30–12.45, 14.30–17, So 8–10, 14.30–17.30 Uhr, www.duomomonreale.it, www.cattedralemonreale.it).

Il Chiostro ⭐

Gleich neben dem Dom wartet ein weiteres kunsthistorisches Highlight: Als einziger erhaltener Teil des einst zur Kathedrale gehörenden Benediktinerklosters spiegelt der romanische Kreuzgang mit seinen 228 Säulen aus Marmor wie kaum ein anderes Monument die Synthese von Abendland und Morgenland wider. Die exzellentesten Steinmetze des Mittelalters schufen die Kapitelle, von denen keines dem anderen gleicht. Bis heute ist es nicht gelungen, alle Geheimnisse der Symbolik von Fabelwesen, heidnischen Göttern sowie biblischen

Szenen zu entschlüsseln (Kreuzgang und Terrassen Di–Sa 9–18.30, So, Mo bis 13 Uhr).

Verkehr

Die **Stadtbuslinie** 389 fährt etwa alle 30 Min. nach Palermo bis zur Piazza Indipendenza.

Hotel

Villa Montereale €€
Bed & Breakfast in einer Villa mit schönem Garten und Schwimmbad auf halbem Weg hinauf zum Dom.
• Corso Calatafimi 1096
  Rocca-Mezzomonreale
  Tel. 09 16 68 80 66
  www.villamontereale.com

Restaurants

Dietro l'Angolo €€
Wenige Schritte vom Dom entfernt und mit herrlicher Aussicht – der Hauptgrund für einen Besuch.
• Via Chiasso Piave 5 | Monreale
  Tel. 09 16 40 40 67
  www.pizzeriadietrolangolo.it

La Botte €€
Deftige sizilianische Hausmannskost für illustre Gäste, serviert in einem ehemaligen Weinkeller mit Kamin. Im Sommer speist man im Garten. 3 km vom Zentrum Monreales entfernt.
• Contrada Lenzitti 20 (SS 186, km 10)
  Monreale | Tel. 091 41 40 51
  www.mauriziocascino.it
  Nur Fr, Sa abends und So mittags geöffnet; 1. Aug.–5. Sept. geschl.

Taverna del Pavone €–€€
Familienbetrieb in einem alten Palazzo. Küchenchef Antonio begeistert seine Gäste mit ! fantasievollen Varianten traditioneller Rezepte.
• Vicolo Pensato 18 | Monreale
  Tel. 09 16 40 62 09
  www.tavernadelpavone.eu
  Mo. geschl.

Bagheria 6 [E3]

Mitten im hektischen Stadtzentrum von Bagheria (56 000 Einw.) steht die barocke **Villa Palagonia**, im Jahr 1715 als fürstlicher Sommersitz errichtet. Noch heute zieren sie 62 groteske Statuen aus Stein. Die Villa kann besichtigt werden, besonders beindruckend ist der Spiegelsaal (April–Okt. tgl. 9–13, 16–19, Nov. bis März 9–13, 15.30–17.30 Uhr, www.villapalagonia.it).

Nicht entgehen lassen sollte man sich das **Museo Renato Guttuso** ★ in der Villa Cattolica, das dem in Bagheria geborenen Malerfürsten (1912–1987) gewidmet ist (Via Rammacca 9, tgl. 9.30–13, 16–19, im Winter 9–13, 15.30 17.30 Uhr, www.museoguttuso.it).

Castellammare del Golfo 7 [C3]

Das Städtchen (15 000 Einw.) ist ein lebhafter Fischerort mit steilen Altstadtgässchen am gleichnamigen Golf. Heute bilden die früher unbeachteten kilometerlangen Sandstrände und attraktiven Klippen um **Cala Bianca** und **Scopello** das größte Kapital des beliebten Ferienortes, der rund um Ferragosto (15. Aug.) überfüllt ist.

Eine der besterhaltenen antiken Kultstätten im Mittelmeerraum ist der Tempel von Segesta

Hotels

Cetarium €€€

4-Sterne-Haus mit allen Annehmlich-
keiten in einem stilvoll renovierten alten
Gebäude am schönen Hafen.
• Via Don L. Zangara 45 | Castellam-
mare del Golfo | Tel. 09 24 53 34 01
www.hotelcetarium.it

Al Madarig €€–€€€

Angenehmes Haus am Hafen mit
33 Zimmern, Restaurant und Bar.
• Piazza Petrolo 7 | Castellammare del
Golfo | Tel. 092 43 35 33
www.almadarig.com

La Tavernetta €

Nette Pension, Zimmer teils mit Meerblick. Auf der Terrasse der Trattoria speist
man herrlich direkt über dem Meer.
• Via A. Diaz 3 | Scopello | Castellam-
mare del Golfo | Tel. 09 24 54 11 29
www.albergolatavernetta.it

Restaurant

Egesta Mare €–€€

Bei den Einheimischen beliebte Adresse
für Fischgerichte.

• Via Fiume | Castellammare del Golfo
Tel. 092 43 04 09
www.egestamare.it

Segesta 8 ⭐ [C3]

Der Tempel steht in unvergleichlich
schöner Lage, schon von Weitem
sichtbar in der Berglandschaft. Das
Heiligtum wurde niemals vollendet.
Der dorische Tempel mit vollständig erhaltener Ringhalle wurde 430
bis 413 v. Chr. unter den Elymern
errichtet, einem Volk, über dessen
Herkunft als Nachfahren des Äneas
nur spekuliert werden kann, das
aber Sitten und Gebräuche und
wahrscheinlich auch die Religion
der Griechen übernommen hatte.
Die einst bedeutende Stadt Segesta
lag im Dauerstreit mit Selinunte, gegen das sie sich mit Athenern und
Karthagern verbündete. 307 v. Chr.
schlug Segesta die Stunde, als die
Syrakusaner an den »Verrätern«
Rache nahmen. Unter den Römern
blühte die Stadt nochmals auf, ehe
sie im frühen Mittelalter dem voll-

ständigen Verfall preisgegeben war. Noch bestens erhalten ist das hellenistisch-römische **Theater,** das man vom Tempel per Busshuttle oder nach 30 Min. Fußweg erreicht. Es wurde um 200 v. Chr. in eine natürliche Mulde am Nordhang des Monte Barbaro (431 m) hineingebaut. Der intime, halbkreisförmige Zuschauerraum hat einen Durchmesser von 63 m. Im Juli und August finden hier stimmungsvolle Aufführungen antiker Dramen statt (www.golfodicastellammare.net).

San Vito lo Capo [9]
[B2] und Zingaro-Naturpark

Rechtwinklige Straßen, kleine weiße Häuser, promenierende Badegäste, Straßencafés, Restaurants – San Vito lo Capo strahlt eine sehr angenehme Atmosphäre aus. Der große Sandstrand bietet Platz für alle – selbst im Hochsommer, wenn die Hotels ausgebucht sind, herrscht hier keine Hektik.

Knapp 11 km entfernt befindet sich einer der beiden Zugänge zur **Riserva Naturale dello Zingaro,** Siziliens erstem Naturschutzgebiet. Es ist eins der wenigen unberührten Fleckchen auf der Insel, ▌ein von schönen Buchten umgebenes Paradies, in dem Zwergpalmen, Feigenkaktus, Mastixbäume, Myrte und Ginster wuchern und im Frühling ein Meer von Blumen die teils steppenartige Landschaft mit markanten Kalkfelsen überzieht. Beliebt ist der ca. 7 km lange Wanderweg von

Nord nach Süd an der Küste entlang (2 Std.). Die Zugänge Nord (San Vito) und Süd (bei Scopello) sind von Sonnenaufgang bis kurz vor Sonnenuntergang geöffnet (geringe Eintrittsgebühr).

Info
Riserva Naturale Orientata dello Zingaro
• Via Segesta 197 | Castellammare del Golfo | Tel. 092 43 51 08
www.riservazingaro.it

Pro Loco
• Via Venza 12 | San Vito lo Capo Tel. 09 23 97 43 00 | www.aotsanvito.it

Hotels
Baglio la Luna €€–€€€
Das hübsche Bed & Breakfast liegt nicht weit vom Nordeingang des Zingaro-Naturparks am Meer.
• Via del Secco 11 | San Vito lo Capo Mobil-Tel. 33 58 36 28 56
www.bagliolaluna.com

Capo San Vito €€–€€€
Charmantes Komforthotel am Strand.
• Via San Vito 1 | San Vito lo Capo Tel. 09 23 97 21 22
www.caposanvito.it

Restaurants
Ristorante Pocho €€€
Angesagte Location rund 4 km südlich von San Vito mit anspruchsvoller sizilianischer Küche und schöner Terrasse.
• Località Macari | San Vito lo Capo Tel. 09 23 97 25 25
www.pocho.it
15. Juni–15. Sept. tgl. abends geöffnet, sonst Di geschl.

Trattoria Pizzeria Gnà Sara €–€€
Berühmt für ihre Pizzen, auch sonst sehr
gute, preiswerte Küche.
• Via Duca degli Abruzzi 6
San Vito Lo Capo | Tel. 09 23 97 21 00
www.gnasara.com

Erice 10 ⭐ [B3]

Wie eine Festung thront die hervorragend erhaltene Stadt (28 000 Einw.)
auf einem Plateau des gleichnamigen 751 m hohen Berges. Die Gründung von Erice wird sowohl Äneas
als auch dem Elymer-König Eryx
zugeschrieben, Sohn eines Argo-
nauten und der Göttin Aphrodite
(röm.: Venus), der seiner Mutter
hier einen Tempel errichtete. Der
Venuskult soll noch viele Jahrhunderte Männer aus aller Herren Länder magisch angezogen haben. Um
den Tempel entstanden die Burg
und die Stadt, die Römer, Araber
und Normannen zur wehrhaften
Festung ausbauten.

Man betritt die mittelalterliche
Stadt durch die **Porta Trapani,** eines
von drei normannischen Toren in
der Stadtmauer. Links geht es zur
Chiesa Matrice. Sie wurde im späten
14. Jh. zusammen mit einem frei stehenden, zinnenbekrönten Glockenturm, in den Zwillingsfenster einge-
lassen sind, erbaut.

In der Kirche **Chiesa San Giovanni
Battista** (Piazza San Giovanni) kann
man schöne Renaissanceskulpturen
von Gagini bewundern. Im östlichs-
ten Winkel der Stadt thront das
Castello di Venere, eine über der
griechischen Akropolis erbaute Nor-
mannenfestung, bei der die Reste

Castello di Venere in Erice

des Venus-Tempels freigelegt wurden (Juni–Okt. tgl. 10–19/20 Uhr,
sonst kürzer).

Im Dorf **San Matteo,** etwas außerhalb, gibt das **Museo Agroforestale,**
ein Landwirtschafts- und Forstmu-
seum in einem traditionellen Her-
renhaus, einen guten Überblick über
Flora und Fauna der Region (Mo bis
Sa 8–14, So 10–18 Uhr).

Info
AAST
• Via Conte Agostino Pepoli 11 | Erice
Tel. 34 86 91 23 35
www.prolocoerice.it

Verkehr
Funierice
Eine schöne Ausblicke bietende Gondel-
bahn verbindet Trapani mit Erice.
• Tel. 09 23 86 97 20
www.funiviaerice.it
Mo 13–1, Di–Fr 7.45–24, Sa, So 8.45
bis 1 Uhr, im Winter jeweils bis 20 Uhr

Hotels

Elimo €€–€€€

Komfortables Hotel mit herrlicher Aussicht in einem Palazzo im Zentrum.
• Via Vittorio Emanuele 75 | Erice
   Tel. 09 23 86 93 77 | www.hotelelimo.it

La Pineta €€

Bungalowhotel mit Restaurant in einem Pinienhain mit wunderbarem Ausblick auf die Tyrrhenische Küste.
• Viale Nunzio Nasi | Erice
   Tel. 09 23 86 01 27
   www.lapinetadierice.com

Restaurants

Monte San Giuliano €€

Unbedingt probieren: *cuscus di pesce.*
• Vicolo San Rocco 7 | Erice
   Tel. 09 23 86 95 95
   www.montesangiuliano.it | Di geschl.

Osteria di Venere €–€€

In der ehemaligen Kirche S. Alberto gibt es feine Pasta und gekonnt zubereitete Fischgerichte.
• Via Roma 6 | Erice
   Tel. 09 23 86 93 62 | Mi geschl.

Shopping

Pasticceria Maria Grammatico

In diesem Traditionsgeschäft kaufen die Einheimischen ihre *pasticcini* ein.
• Via Vittorio Emanuele 14 | Erice
   Tel. 09 23 86 93 90
   http://mariagrammatico.it

Trapani 🔟 [B3]

Wie ein Schiffsbug ragt die schmale Halbinsel mit Trapanis Altstadt hinaus ins Meer. Die moderne Provinzmetropole (70 000 Einw.) am Fuß des Monte Erice (751 m) war – dank ihrer Salinen und reichen Fischgründe – einst eine der wohlhabendsten Handelsstädte Siziliens. Heute spielt die Salzgewinnung wirtschaftlich eine Nebenrolle; die für die gesamte Westküste typischen Salinen mit den markanten Mühlen sind trotzdem eines der beliebtesten Fotomotive der Insel.

Altstadt

Im alten jüdischen Viertel in der Altstadt liegt der **Palazzo della Giudecca** (Via della Giudecca) aus dem 16. Jh. mit Turm, diamantförmiger Mauerverkleidung, Spitzbogenportal und reich verzierten Fenstern. Auch die **Chiesa Santa Maria del Gesù** (Via Sant'Agostino) stammt aus dem 16. Jh. Sie vereint katalanisch-spätgotische Formen mit Bauprinzipien der Frührenaissance.

Vor dem ehemaligen **Rathaus** (17. Jh.) beginnt der Corso Vittorio Emanuele, die *La Loggia* genannte Flaniermeile Trapanis. Sie wird flankiert von einem eindrucksvollen Palazzi-Ensemble (17.–19. Jh.) und von der hochbarocken **Chiesa del Purgatorio** (tgl. 9–12, 16.30 bis 19.30 Uhr), in der man die Mysteriengruppen aufbewahrt, die bei den spektakulären Karfreitagsprozessionen gezeigt werden.

Santuario dell'Annunziata ⭐

Die Wallfahrtskirche in der Neustadt ist das bedeutendste Bauwerk Trapanis. Im 14. Jh. erbaut und 1760 umgestaltet, blieb von der ursprünglichen Anlage nur die mit einem gotischen Portal verzierte Fassade übrig. Im reich geschmückten Innenraum betritt man hinter dem Hauptaltar die Kapelle mit der marmornen **Madonna von Trapani** aus dem 14. Jh., dem Werk des toskanischen Bildhauers Nino Pisano (Via Conte A. Pepoli 178, tgl. 7 bis 12, 16–19, im Sommer 16–20 Uhr, www.madonnaditrapani.org).

Im angeschlossenen ehemaligen Karmeliterkloster mit einem Kreuzgang aus dem 16./17. Jh. zeigt das **Museo Regionale Conte Agostino Pepoli** interessante Beispiele der traditionellen Korallenverarbeitung sowie eine sehenswerte Gemäldesammlung (Via Conte A. Pepoli 200, Di, Do, Sa 9–19.30, Mo, Mi, Fr 9–13.30, So 9–12.30 Uhr).

Info
Infopoint
• Piazza Saturno | Trapani
  Tel. 33 95 99 86 45
  www.comune.trapani.it

Hotels
Ai Lumi Bed & Breakfast €€
Charmantes Bed & Breakfast mit antiken Möbeln und einer sehr aufmerksamen Gastgeberin.
• Corso Vittorio Emanuele 71
  Trapani
  Tel. 09 23 54 09 22
  www.ailumi.it

Vittoria €€
Modernes Hotel im Zentrum; 100 m vom Strand entfernt.
• Via Francesco Crispi 4 | Trapani
  Tel. 09 23 87 30 44
  www.hotelvittoriatrapani.it

In den Salinen bei Trapani wird Meersalz gewonnen

SEITENBLICK

Die Salinen von Trapani
Schon die Phönizier gewannen im Süden von Trapani Salz aus dem Meer. Einst wurden mit dem »weißen Gold« ganz Norditalien, Frankreich, England und Skandinavien beliefert. Heute erntet man jährlich etwa 200 000 t. Die Voraussetzungen hier sind ideal: Die Verdunstungsbecken werden konstant von den Gezeiten versorgt, es gibt keinerlei Süßwasserzuläufe, und das Klima ist niederschlagsarm. Innerhalb von 80–100 Tagen bildet sich an den Beckenwänden eine 6–8 cm dicke Salzschicht, die in der Folge abgelöst und zu Salzbergen aufgehäuft wird. Diese werden dann zum Schutz vor Regen mit Tonziegeln abgedeckt. Die für die Gegend typischen Windmühlen wurden früher zum Abpumpen des Wassers und zum Mahlen des Salzes verwendet. **50 Dinge** ③ › S. 12.

Hotel Moderno €–€€
Günstige Unterkunft in der Altstadt für
Gäste ohne große Ansprüche.
• Via Tenente Genovese 20 | Trapani
  Tel. 092 32 12 47
  www.hotelmoderno.trapani.it

Restaurants
Cantina Siciliana €€
Bei Einheimischen sehr beliebt, die
Spezialität hier ist Couscous.
• Via Giudecca 36 | Trapani
  Tel. 092 32 86 73
  www.cantinasiciliana.it

Trattoria del Porto €€
Rustikales Hafenlokal ! mit sizilia-
nisch-tunesischer Küche.
• Via Ammiraglio Staiti 45 | Trapani
  Tel. 09 23 54 78 22 | Mo geschl.

Ägadische Inseln ⭐ ③

Zu den Ägadischen Inseln (Isole
Egadi) gehören die Eilande Favignana, Levanzo, Marettimo sowie
die Klippen Maraone und Formica.
Die Inseln waren bereits in der
Vorgeschichte besiedelt und in der
Antike bekannt. Die Phönizier
nutzten sie als Handelsposten, der
nach einer Seeschlacht 241 v. Chr.
an die Römer fiel. Bis ins 19. Jh.
hinein befanden sich die Inseln in
Privatbesitz.

Levanzo 12 ⭐ [A3]

Die der Küste von Trapani nächst-
liegende Insel besteht nur aus einem
winzigen Dorf mit kleinem Hafen.
Das Aussteigerparadies kann im-
merhin mit einer prähistorischen
Sensation aufwarten: die **Grotta del
Genovese** mit steinzeitlichen Darstellungen von Tieren und drei tan-
zenden menschlichen Figuren. Aus
einer späteren Epoche, der Bronzezeit, dürften die gemalten, men-
schenähnlichen Figuren und Fische
in schematisierten geometrischen
Formen stammen. Die Grotte kann
nur mit Führer per Boot oder auf
dem Rücken eines Esels erreicht
werden (Tel. 09 23 92 40 32, www.
grottadelgenovese.it). **50 Dinge** ⑪
› S. 13.

Favignana 13 ⭐ [A3–4]

Die Hauptinsel des Archipels ist
mit ihren komfortablen Hotels das
Ferien- und Badeparadies schlecht-
hin. Das klare Meer lädt an bizarren
Steilküsten mit geheimnisvollen
Grotten und ! sanft abfallenden
Sandstränden zu allen erdenklichen
Arten von Wassersport ein.

Marettimo 14 ⭐ [A2]

Die am weitesten von der Küste entfernte Insel ist sehr gebirgig – ein
ruhiges Wanderparadies mit hervorragend angelegten Wegen.

Info
Infopoint
• Via Florio | Palazzo Florio
  Favignana
  Tel. 09 23 92 54 43
  www.welcometoegadi.it

Fähren
Ustica Lines
• Tel. 09 23 92 12 77 | www.usticalines.it

Siremar
• Tel. 09 23 92 13 68 | www.siremar.it

Hotels

Egadi €€€

Sehr stilvoll, sowohl in der eleganten Einrichtung als auch in der über Sizilien hinaus bekannten Fischküche.

- Via Cristoforo Colombo 17/19 Favignana | Tel. 09 23 92 12 32 www.albergoegadi.it

Marettimo Residence €€

Hübsche kleine Hotelanlage am Meer in der typischen Inselbauweise, insgesamt 42 Apartments.

- Marettimo | Tel. 09 23 92 32 02 www.marettimoresidence.com

Marsala 15 [A4]

Die größte Handels- und Industriestadt (83 000 Einw.) der Provinz Trapani wurde im 4. Jh. v. Chr. auf Kap Lilybaeum – dem westlichsten Punkt Siziliens – von den Phöniziern gegründet, 440 n. Chr. von den Vandalen zerstört und von den Arabern im 9. Jh. als Marsa el-Allah (der Hafen Gottes) wieder besiedelt. Am 11. Mai 1860 landete Garibaldi mit seinen »Tausend« im Hafen von Marsala und begann von hier aus seinen Feldzug zur Einigung Italiens.

Obwohl im Zweiten Weltkrieg schwer beschädigt, konnte die **Altstadt** ⭐ die mittelalterliche schachbrettartige Straßenanlage bewahren, die auf punische Planung zurückgeht. Der **Dom** auf der Piazza della Repubblica ist dem hl. Thomas von Canterbury geweiht und wurde im 17./18. Jh. auf Resten eines normannischen Bauwerks errichtet. In dem dahinterliegenden **Museo degli Arazzi Fiamminghi** werden kostbare flämische Wandteppiche aus dem 16. Jh. gezeigt (Di–So 9–13, 16 bis 18 Uhr). Auf der Piazza besticht der elegante **Palazzo Pretorio** aus dem 18. Jh., der auch Loggia genannt wird. In der Via XI Maggio, der alten Hauptstraße, findet man rechts das **Kloster San Pietro** mit mächtigem Turm und gekachelter Turmhaube (16. Jh.).

Über die Uferpromenade erreicht man die äußerlich schmucklose **Chiesa San Giovanni,** unter der sich die Grotte der Lilybaeischen Sibylle, vermutlich eine frühchristliche Taufkapelle mit römischen Mosaiken und Wandmalereien, verbirgt. In der Nähe präsentiert die Sammlung des **Museo Archeologico Baglio Anselmi** ein 1969 geborgenes **punisches Kriegsschiff** ⭐. 17 Ruderer taten einst auf dem 35 m langen Kriegsschiff Dienst, bis es im 3. Jh. v. Chr. vor Mozia › **S. 76** sank (Di bis So 9–19 Uhr).

SEITENBLICK

Marsalas süßer Wein

Ihre heutige Bedeutung als Zentrum international hoch geschätzter Dessertweine verdankt die Stadt den Briten. Als die nämlich durch Napoleon ihrer Portweinquellen in Portugal verlustig gingen, kamen sie auf die Idee, in dem von ihnen kontrollierten Westsizilien eine eigene Produktion aufzubauen. John Woodhouse war der Pionier und verschiffte die ersten Fässer; heute werden die Weine von Firmen wie Florio oder der Cantina Pellegrino – schmackhafte, trockene Sorten – in alle Welt exportiert.

Info

Infopoint
- Via XI Maggio 100 | Marsala
  Tel. 09 23 99 33 38
  www.marsalaturismo.com

Hotels

Baglio Donna Franca €€€
Edles Haus in herrlicher Lage auf dem
Land; mit Restaurant.
- Contrada da Florio 1 | Marsala
  Tel. 09 23 96 72 40
  www.donnafranca.it

Delfino Beach Hotel €€
Komfortables größeres Haus mit Pool;
in Strandnähe.
- Lungomare Mediterraneo 672
  Marsala | Tel. 09 23 75 10 76
  www.hoteldelfinobeach.com

Villa Favorita €€
Gartenhotel mit nettem Restaurant.
- Via Favorita 27 | Marsala
  Tel. 09 23 98 91 00
  www.villafavorita.com

Restaurant

Ristorante Delfino €€
Mit Blick aufs Wasser genießt man Fisch
und Meeresfrüchte.
- Lungomare Mediterraneo 672
  Marsala | Tel. 09 23 75 10 11
  Im Winter Di geschl.

Shopping

La Sirena Ubriaca
Ein wunderbarer Ort, um Wein zu kaufen
und zu essen (nach Vorbestellung!).
50 Dinge ㊲ › **S. 16.**
- Via Garibaldi 39 | Marsala
  Tel. 09 23 02 05 00
  www.lasirenaubriaca.it

Cantine Montalto
In der gemütlichen Weinkneipe kann
man edle Tropfen verkosten und kaufen.
- Contrada Berbaro 388 | Marsala
  Tel. 09 23 96 96 67
  www.cantinemontalto.com

Ausflug zur Insel Mozia ★ [A4]

Etwa 7 km auf der Straße von Marsala in Richtung Trapani legt die Fähre zur idyllischen Insel Mozia ab. Hier sind Reste der im 8. Jh. v. Chr. gegründeten, einst mächtigen punischen Stadt **Motya**, die im 4. Jh. v. Chr. von der Syrakusanern zerstört wurde, erhalten. Das Eiland mit dem heutigen Namen S. Pantaleo befindet sich jetzt im Besitz der Stiftung Whitaker, die ein archäologisches Museum unterhält. Prunkstück der Sammlung ist die lebensgroße **Statue eines karthagischen Priesters**, eine griechische Arbeit aus dem 5. Jh. v. Chr. (April–Okt. tgl. 9.30–18.30, Nov.–März 9–15 Uhr, www.fondazionewhitaker.it).

Mazara del Vallo [B5]

Nein, Sie sind nicht in Nordafrika gelandet! Mazara (52 000 Einw.) besitzt eine der größten Immigrantengemeinden Siziliens und entsprechend afrikanisches Flair. Zudem liegt hier einer der größten Fischereihäfen Italiens.

Die Stadt fiel im 9. Jh. an die Araber, unter deren Herrschaft sie wirtschaftlich aufblühte. Auch die Normannen haben ihre Spuren hinterlassen: an der malerischen Piazza della Repubblica die **Kathedrale Santissimo Salvatore** (11. Jh.) mit einem bemalten Holzkreuz, das zu den ältesten Siziliens zählt, die Ruinen des Kastells und der Stadtmauern sowie die kleine, 1124 erbaute Kirche **San Nicolò Regale** mit ihren zinnenbekrönten Mauern.

Das **Museo del Satiro Danzante** wurde eigens für den bronzenen Satyr gebaut, den 1998 Fischer an Land zogen und der als einer der wichtigsten Funde der Gegend gilt (Piazza Plebiscito, tgl. 9–18 Uhr).

Verwitterte Lava sorgt auf Pantelleria für außergewöhnlich fruchtbare Böden

Hotels

Giardino di Costanza €€€
Luxushotel 5 km nördlich von Mazara del Vallo mit Wasserspielen und ❗ herrlichem Wellnessbereich.
• Via Salemi | Mazara del Vallo
  Tel. 09 23 67 50 00
  www.giardinodicostanza.it

Hopps Hotel €€
Traditionsreiches Haus nahe am Meer.
• Via G. Hopps 29 | Mazara del Vallo
  Tel. 09 23 94 61 33
  www.hoppshotel.it

Restaurants

Alla Kasbah €€
Köstliche nordafrikanische Küche nicht weit von der Kathedrale.
• Via Itria 10 | Mazara del Vallo
  Tel. 09 23 90 61 26

Café-Ristorante Garibaldi €€
Traditionelle sizilianische Küche, hübscher Innenhof.

• Via Garibaldi 4/6 | Mazara del Vallo
  Tel. 34 74 44 01 70
  www.cafegaribaldi.it

C.T.A. Pesca €€
Meeresfrüchte und Fisch – direkt aus dem Wasser auf den Teller. In der blau-weiß-kühlen Atmosphäre gelingt die volle Konzentration aufs Essen. **50 Dinge** ⑰ › **S. 14.**
  SS 115, km 53 | Mazara del Vallo
  Tel. 36 69 04 49 37 | www.facebook.com/ostricheria | Mo–Sa 8.30–13, 15.30–20.30/21, So 9.30–12.30 Uhr

Pantelleria 18 [A7–8]

Die 83 km² große Insel liegt näher an Afrika als an Sizilien. Sie ist ein sehr karges, zerklüftetes Eiland, dessen besondere Schönheit sich dem schnellen Blick nicht erschließt. Die Inselhauptstadt ist eher reizlos, umso schöner jedoch das Hinterland, das man am besten per Auto oder Roller erkundet. Auf vulkanischen Böden wachsen hier Kapern und Wein, verschwiegene, winzige Felsbuchten laden ein zum Schnorcheln und bizarre Felsformationen wie die **Cuddie Rosse** im Südwesten oder der Strand **Cala delle Cinque Denti** im Nordosten verlocken immer wieder zum Fotostopp. Himmlische Ruhe und Weltabgeschiedenheit empfängt den Besucher im Fischerörtchen **Gadir,** und die besten mit Ricotta und Minze gefüllten Ravioli gibt's womöglich im La Vela am Hafen von **Scauri.** Auch der Besuch des Sees **Specchio di Venere** mit seinem heilkräftigen Schlamm und die **Grotta di Benikulà** sind ein Muss! **50 Dinge** ⑨ › S. 13.

Info

Pro Loco
• Lungomare Borsellino | Pantelleria
Tel. 33 43 90 93 60
www.prolocopantelleria.it

Verkehr

• Im Juli und August erreicht man Pantelleria in 2 Std. mit **Expressfähren** ab Mazara del Vallo. Infos unter Tel. 09 23 94 13 66, www.usticalines.it.
• Ansonsten gelangt man ab Trapani mit **Fähren** (7 Std.) und **Tragflügelbooten** (2,5 Std.) auf die Insel. Info: Tel. 09 23 91 11 20, www.siremar.it.
• Von Trapani und Palermo aus gibt es außerdem mehrere **Flugverbindungen.** Info: Tel. 89 20 10, www.alitalia.it.

Unterkunft

Call Tour €€–€€€
Hier kann man *dammusi* mieten, überkuppelte traditionelle Lehmhäuschen.

Man hat die Wahl zwischen Standard, Superior, Deluxe und Prestige.
• Via Roma 16 | Pantelleria
Tel. 09 23 91 10 65 | www.calltour.it

Cave di Cusa ⑲ [B5]

Will man dem Geheimnis und der Faszination dorischer Tempel auf die Spur kommen, muss man nach Sizilien reisen. Bei Selinunte stößt man auf einen eindrucksvollen antiken Steinbruch: In der Cave di Cusa, nur wenige Kilometer südwestlich von Campobello di Mazara, liegen halb vollendete Säulentrommeln, als würde es morgen mit dem Tempelbau weitergehen (April–Sept. tgl. 9 bis 19, letzter Einlass 18 Uhr, im Winter kürzer).

Selinunte ⑳ ★ [C5]

Marinella di Selinunte (1000 Einw.) ist ein kleines Fischerdorf ❗ mit herrlichem Strand, in dem werktags in der Frühe am Hafen die Fische versteigert werden. In seiner unmittelbaren Nähe türmt sich ein gewaltiges historisches Erbe auf: die grandiose Ruinenlandschaft der 628 v. Chr. gegründeten Griechenstadt. Nach kurzer Blüte wurde sie bereits 409 v. Chr. von den Karthagern zerstört; mehrere Erdbeben im Mittelalter taten ihr Übriges.

Erste Ausgrabungen erfolgten im 17. und 18. Jh., ab 1925 wurden von den 42 Säulen des Tempels C auf der Akropolis zwölf ganz und zwei teilweise wieder aufgerichtet, ab 1956 baute man den Tempel E im östlichen Stadtteil wieder auf. Die gesamte Grabungszone wurde Ende der 1980er-Jahre zu Europas größtem Archäologischem Park zusammengefasst, ihre Erforschung ist noch lange nicht abgeschlossen (April–Ende Okt. tgl. 9–19, letzter Einlass 18 Uhr, im Winter kürzer).

Antike Stadt

Der Eingang liegt am Osthügel an der Straße von Castelvetrano nach Marinella. Die drei Tempelbauten dürften isoliert in der Landschaft gestanden haben, denn eine gemeinsame Umfriedung konnte bisher nicht gefunden werden. Im Norden liegt der um 520 v. Chr. begonnene **Tempel G,** der mächtigste (113 × 54 m) von Selinunte und einer der größten der griechischen Antike. Der mittlere **Tempel F** (um 530 v. Chr.) ist kleiner (66 × 27 m) und weniger gut erhalten. Der jüngste dieser Gruppe ist **Tempel E,** entstanden in reinstem dorischem Stil (470–450 v. Chr.). Mit seiner Wiedererrichtung Ende der 1950er-Jahre kann Selinunte nun das Musterbeispiel eines klassischen Tempels bieten (Ausmaße 70 × 28 m, 38 Säulen von 10,15 m Höhe). Seine herrlichen **Metopen** ⭐ kann man allerdings nur in Palermo bewundern › **S. 61.**

Die **Akropolis** liegt auf einem Plateau und wird durch zwei mehr als 8 m breite Hauptstraßen, die einander im rechten Winkel schneiden, in Viertel unterteilt, die wiederum von weiteren kleineren Straßen durchkreuzt werden.

Schlendert der Besucher weiter die Ost-West-Achse entlang, erreicht

Dorischer Tempel E in Selinunte

er schon bald **Tempel C,** den größten (64 × 24 m) und auch ältesten Tempel (570–560 v. Chr.) der Akropolis, der gleichzeitig das monumentale Wahrzeichen der Stadt Selinunte ist. Die meisten der ursprünglich 42 Säulen (Höhe: 8,65 m), die sich kontinuierlich nach oben verjüngen, liegen wie ein gigantisches Mikado-Spiel kreuz und quer über- und untereinander.

Weiter Richtung Norden gelangt man dann zu den Ruinen des **Tempels D** (um 540 v. Chr.) und zu den beiderseits der Straße liegenden Überresten der von den Karthagern zerstörten Häuser und Läden, ehe man das antike Haupttor in der mächtigen Befestigungsanlage erreicht, die in diesem Abschnitt noch recht gut erhalten ist.

Info

Infobüro

Das Infobüro befindet sich am Eingang zum Archäologischen Park.

• Tel. 092 44 62 51
  www.selinunte.net

Hotels

Alceste €€

Nettes modernes Quartier mit Garten und Terrasse, Restaurant und Bar.
• Via Alceste 21 | Marinella
   Tel. 092 44 61 84 | www.hotelalceste.it

Riviera €€

Familienbetrieb in Strandlage, eingerichtet in rustikal-mediterranem Stil. Das Restaurant bietet gute Küche.
• Via A. Pigafetta 2 | Marinella
   Tel. 092 44 60 24
   http://rivieraselinunte.it

Restaurant

Baffo's Castle €€

Beliebtes Fischrestaurant mit großer Terrasse.
• Strada Statale 115 | Marinella
   Tel. 092 44 68 59
   www.baffoscastle.com
   Mi geschl.

Castelvetrano 21 [B/C5]

Im Agrarstädtchen (32 000 Einw.) reihen sich rings um die Piazza Garibaldi Baudenkmäler wie die **Chiesa Madre** (16. Jh.), die ehemalige Kirche **Purgatorio** (18. Jh.) und das Rathaus, in dem bis 1962 die aus dem 5. Jh. v. Chr. stammende Bronzestatue des **Jünglings von Selinunte** ⭐ stand. Eine Mafiabande hatte das Kunstwerk gestohlen, und erst 13 Jahre später konnte es ihr wieder abgejagt werden.

   Heute kann der berühmte Ephebe im **Stadtmuseum** von Castelvetrano bewundert werden, das archäologische Funde aus römischer Zeit und eine Gemäldesammlung

präsentiert (Via Garibaldi 50, Mo bis Sa 9–13, 15–18.30, So 9–13 Uhr).

   Rund 4 km westlich von Castelvetrano entfernt steht die um 1100 errichtete Normannenkirche **SS. Trinità di Delia**, ein eigenwilliger Zentralbau mit drei Apsiden und einer kleinen, von Säulen gestützten Kuppel im arabischen Stil.

Info

Ufficio Informazione

• Piazza Carlo d'Aragona e Tagliavia
   Castelvetrano
   Tel. 09 24 90 20 04
   http://castelvetrano.abstract.it

Restaurant

La Collinetta €€

Gemütlich eingerichtetes, gutes Restaurant mit lokalen Spezialitäten und einer Panoramaterrasse.
• Via Giovanni Paolo II. s. n.
   Castelvetrano | Tel. 09 24 90 26 02
   www.ristorantelacollinetta.it
   Mo geschl.

Belice-Tal [C5]

Das Belice-Tal ist eine fruchtbare Landschaft, in der Wein, Mandeln, Oliven, Orangen, Zitronen und Gemüse angebaut werden. Das Gebiet zählt zu den seismisch unruhigsten Regionen Siziliens. Hier ereignete sich 1968 die letzte große Erdbebenkatastrophe. Zahlreiche Orte wurden Opfer der Naturgewalten. Zu ihnen zählt u. a. **Santa Margherita** samt seinem prächtigen Schloss, das als Kulisse für den Film »Der Leopard« von Luchino Visconti diente. Auch **Gibellina** blieb nicht verschont. Die Reste der alten Stadt wurden mit weißem Zement übergossen und bilden heute eine bizarre Riesenskulptur als Mahnmal. **50 Dinge** ⑦ › **S. 12**.

Knapp 20 km entfernt entstand dann die beeindruckende Retortenstadt **Gibellina Nuova** 22 **[C4]**. Namhafte Künstler stifteten knapp 50 Werke, die im öffentlichen Raum zu finden sind.

Sciacca 23 [D6]

Hier schwitzten bereits die alten Römer in den schwefel- und jodhaltigen Heilquellen. Der Ort (41 000 Einw.) hat auch kunsthistorische Schätze zu bieten wie den **Palazzo Steripinto** mit seiner prächtigen Renaissancefassade, den **Duomo S. Maria Maddalena,** einen normannischen Kirchenbau (12. Jh.), der im 18. Jh. in sizilianischem Barock neu

errichtet wurde, und die **Chiesa Santa Margherita** mit ihrem gotischen Hauptportal.

Rund 2 km östlich von Sciacca findet man das ungewöhnliche Kunstprojekt **Castello Incantato** (verzaubertes Schloss). Der Einsiedler Filippo Bentivegna (1888–1967) schuf aus Lavagestein über 3000 bizarre Köpfe, baute ein ebenso ungewöhnliches Haus sowie ein unterirdisches Labyrinth (Di–So 9.30–13, 16.30–20 Uhr, mit Café/Bar).

Info

Azienda Autonoma di Turismo
• Corso Vittorio Emanuele 84
Sciacca | Tel. 092 52 27 44
www.sciacca.it

Azienda Autonoma Terme di Sciacca
• Via Agatocle 2 | Sciacca
Tel. 092 52 75 77
www.termedisciacca.it

Blick vom Hafen auf Sciacca

Hotels

Grand Hotel delle Terme €€

Kurhotel etwas verstaubten Stils in wunderschöner Lage.

• Viale Nuove Terme 1 | Sciacca
Tel. 09 25 08 04 62 | www.grand
hoteldelletermesciacca.com

Melqart €€

2011 eröffnetes Hotel garni mit supermoderner Einrichtung, 100 m vom Hafen entfernt, kostenfreie Parkplätze.

• Via Mulini 10–14 | Sciacca
Tel. 092 52 18 28
www.hotelmelqartsciacca.it

Conte Luna €

Freundliches Bed & Breakfast in der Oberstadt, sehr hilfsbereite Besitzer.

• Vicolo Gino 1 | Sciacca
Tel. 092 52 31 72
www.contelunasciacca.com

Restaurant

Trattoria Al Faro €

Gemütliche Hafenkneipe mit wunderbarer, einfacher Küche.

• Via al Porto 25 | Sciacca
Tel. 092 52 53 49 | So geschl.

Caltabellotta 24 [D5]

Auf einer Länge von 19 km mäandert eine schmale Straße nach Nordosten bis zu dem geschichtsträchtigen Bergdorf (4000 Einw.) in schroffer Felslandschaft, überragt von den Mauerresten einer arabisch-normannischen Burg. Qal'at al-Balluth (Festung der Eichen) nannten die Araber diesen bereits im 2. Jt. v. Chr. besiedelten Ort, der 950 m über dem Meer liegt. Von der Burg bietet sich eine herrliche Fernsicht. Die **Chiesa SS. Salvatore** (11. Jh.; Umbauten im 13. Jh.) wartet mit bemerkenswerten Statuen der Bildhauerfamilie Gagini (16. Jh.) auf. Am westlichen Dorfausgang sind sikulische Felsgräber zu sehen.

Eraclea Minoa 25 [D6]

Auf dem Plateau eines 75 m hohen Kalkfelsens thront die 628 v. Chr. gegründete und bereits im 1. Jh. v. Chr. zerstörte Siedlung Eraclea Minoa. Erhalten sind noch Reste einer Stadtmauer, hellenistische und römische Wohnhäuser sowie ein Amphitheater. Am Eingang zur archäologischen Zone stellt ein kleines Antiquarium Amphoren, Figuren und andere Ausgrabungsfunde aus (Sommer tgl. 9–19 Uhr, sonst bis 1 Std. vor Sonnenuntergang).

ACHTUNG: Zwischen den alten Steinen sind viele Schlangen zu Hause!

Unterhalb des weißen Felsens am **Capo Bianco** erstreckt sich eine traumhafte Küste mit ! kilometerlangem feinsandigem Strand, einem breiten Piniengürtel und einer Feriensiedlung.

Camping

Eraclea Minoa €–€€

Große, gut ausgestattete Campsite im Pinienwald mit Ferienapartments.

• Cattolica Eraclea | Loc. Capo Bianco
Tel. 09 22 84 60 23
www.eracleaminoavillage.it

Blick auf Ragusa

ZWISCHEN AGRIGENTO UND SIRACUSA

Kleine Inspiration

- **Ein Johannisbrot-Eis in Ragusa essen** in der vielleicht besten Gelateria Siziliens › S. 99
- **Auf den Spuren von Salvatore Quasimodo** in Modica unterwegs sein › S. 100
- **Die verrückteste Barockfassade** in Scicli bestaunen › S. 100
- **Die Aufführung eines antiken Dramas** im griechischen Theater von Siracusa erleben › S. 105

Herausragende Zeugnisse der Antike, barocke Baukunst in verschwenderischer Pracht, Keramikkunst
und herrliche Naturerlebnisse zeichnen den Süden
und Südosten Siziliens aus.

Antike live – auch im Osten Siziliens sind grandiose Spuren griechischer Kolonisten und früher Siedler
erhalten. **Agrigento** mit seinem
atemberaubenden Valle dei Templi,
Siracusa mit seiner imposanten archäologischen Zone und **Piazza Ar-
merinas** römische Mosaikböden
sind die Höhepunkte unter den
vielen großen und kleinen Ausgrabungsstätten; sie gehören zum Weltkulturerbe der UNESCO.

Das ländliche Sizilien mit seinem
herben Charme findet man von den
Küstenmetropolen landeinwärts in
Richtung **Enna,** Siziliens geografi-
schem Mittelpunkt. Bis an den Horizont ziehen sich Getreidefelder,
bewacht von alten Bergstädtchen

und ehemals mächtigen Kastellen.
Mittelpunkt der Keramikkunst ist
Caltagirone. Seine berühmte Se-
henswürdigkeit ist die mit Keramik-
fliesen verkleidete Treppe in der
Ortsmitte.

Barock in seinen bizarrsten und
kühnsten Ausformungen, garniert
mit der dekadenten Schönheit des
Verfalls, begegnet Reisenden im
gebirgigen Südosten Siziliens um
Noto, Scicli, Modica und **Ragusa**. Es
ist nicht der heitere, beschwingte
Barock Italiens, sondern der majes-
tätische, ernste, aus Spanien über-
nommene Baustil. Architektur und
Natur vereinen sich hier zu einem
faszinierenden Gesamtkunstwerk,
und dies im wahrsten Sinne des
Wortes, denn aus den Mauern vieler
ehemaliger Palazzi sprießen heute
Blumen und Bäume.

Die Strandsiedlungen der Bergstädte, Marinas genannt, locken
nach einem besichtigungsreichen
Tag zur abendlichen Erfrischung im
Meer. In den tiefen Canyons zwischen den Barockstädten siedelten
seit Jahrtausenden Menschen in
Höhlen. Die Felswände der Schluchten von **Ispica** und **Pantalica** sind
regelrecht durchsiebt von Höhlenwohnungen, -kirchen und Begräb-
nisstätten. Hier finden Wanderer
wilde, kaum gebändigte Natur, umgeben von den Zeugnissen der
»Höhlenmenschen«.

Groteskes Fassadendetail am barocken
Palazzo Beneventano in Scicli

Touren in der Region

 ## Das Barock-Dreieck

Route: Ragusa › Modica › Scicli › Ispica › Noto › Avola › Palazzolo Acreide › Chiaramonte Gulfi › Comiso › Ragusa

Karte: Seite 86
Länge: 195 km **Dauer:** mind. 2 Tage
Praktische Hinweise:
• Diese Tour ist auch mit öffentlichen Verkehrsmitteln machbar, man muss dafür aber deutlich mehr Zeit kalkulieren.

Tour-Start:

Startpunkt ist die Provinzhauptstadt **Ragusa** 8 › **S. 98**, die von einer tief ins Kalkgestein der Hybläischen Berge geschnittenen Schlucht in Ober- und Unterstadt geteilt wird. Ibla, das untere Ragusa, ist für Barockfans besonders sehenswert, und auch kulinarisch Interessierte kommen hier auf ihre Kosten: In der Antica Drogheria › **S. 99** gibt es hybläische Spezialitäten. Kulinarische Genüsse hat auch **Modica** 14 › **S. 100** einige Serpentinenkilometer weiter zu bieten: Die Antica Dolceria Bonajuto › **S. 100** zaubert feinste Köstlichkeiten nach alten Rezepten, die teils noch aus arabischer Zeit stammen. Für die Besichtigung der Stadt sollten Sie sich Zeit nehmen. Bei Sonnenschein leuchtet der gelbe Kalkstein des Doms San Giorgio wie Gold. Nach einem Abstecher nach **Scicli** 15 › **S. 100** – ebenfalls barock und angenehm unspektakulär – erreicht man anschließend **Ispica** 17 › **S. 100**, mit seiner Schlucht **Cava d'Ispica** 16 › **S. 100** auch ein Ziel für Wanderer. Werfen Sie einen Blick in den Canyon, bevor Sie zur letzten Station des ersten Tages, **Noto** 18 › **S. 101**, weiterfahren. Restaurierte ebenso wie vom Verfall gezeichnete Palazzi säumen hier die Straßen. Wählen Sie unter den vielen B&B-Hotels eine Unterkunft und speisen Sie abends in einer Gasse zwischen barocken Bauten.

Avola 21 › **S. 102** ist der erste Anlaufpunkt am zweiten Tag. Die barocke Szenerie ergänzen hier eine imposante Schlucht und ein hübscher Strand – also nichts wie hinein ins Meer! Denn danach geht's wieder landeinwärts und auf engen Serpentinen durch Bergland nach **Palazzolo Acreide** [L8], berühmt für seinen mit Fratzen geschmückten Barockbalkon und die wunderbaren, aus der gleichen Epoche stammenden Kirchen Annunziata und San Paolo. Südwestlich erinnern die Ruinen des antiken **Akrai** (4. Jh. v. Chr.) [L8] mit kleinem Theater und dem Buleuterion, in dem sich die Senatoren versammelten, an die lange Besiedlungsgeschichte der Region (tgl. ab 9 Uhr bis 2 Std. vor Sonnenuntergang). Von hier aus kann man auch die Schlucht von **Pantalica** 23 › **S. 107** besuchen. Quer durch die Iblei führt die Tour dann westwärts bis **Chiaramonte Gulfi** 11 › S. 99, ein Städtchen mit viel Barock und noch mehr Museen. Zur Mittagsrast lädt das Ristorante Majore mit Schweinefleisch-Spezialitäten. Ein Schlenker über **Comiso** 9 › S. 99 mit der Barockkirche Santissima Annunziata bringt Sie dann zurück nach Ragusa.

Kaps und Strände

Tour 5

Route: Portopalo › Pozzalo › Marina di Modica › Cava d'Aliga › Donnalucata › Marina di Ragusa

Tour-Start:

Die Tour beginnt am südöstlichsten Zipfel Siziliens, im beliebten Seebad **Portopalo di Capo Passero 20** › S. 102. Von dort geht es landeinwärts über den ländlichen Ort Pachino nach Westen. Gewächshäuser und unter Plastikplanen heranreifendes Gemüse sind nicht unbedingt ein reiz-

Karte: Seite 86
Länge: 65 km **Dauer:** 1 Tag
Praktische Hinweise:

- Bei dieser für den Pkw konzipierten Tour sollten Sie die Ferienwochenenden meiden – entlang der Küste bilden sich dann endlose Staus!

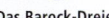

Touren im Süden

Tour 4

Das Barock-Dreieck

Ragusa › Modica › Scicli › Ispica › Noto › Avola › Palazzolo Acreide › Chiaramonte Gulfi › Comiso › Ragusa

Tour 5

Kaps und Strände

Portopalo › Pozzallo › Marina di Modica › Cava d'Aliga › Donnalucata › Marina di Ragusa

Tour 6

Sizilianisches Burgenland

Caltanissetta › Enna › Calascibetta › Leonforte › Sperlinga

voller Anblick, sorgen aber für den Wohlstand der Region.

Die Straße verläuft am Meer entlang, gelegentlich begleitet von Dünengürteln, bis **Pozzallo** [L10]. Von dem Fischerort mit seinem alten Wehrturm aus dem 15. Jh. kann man eine Tagestour nach Malta unternehmen oder am flach abfallenden Sandstrand westlich des Hafens eine Badepause einlegen. Meernah führt die Küstenstraße weiter nach **Marina di Modica** [K10]. Die große Ferienhaussiedlung um eine hübsche Sandbucht ist in den Sommermonaten ein quirliger Badeort. Etwas weiter bei **Sampieri** [K10] markiert auf einer Klippe *u stabilimientu 'bbruciatu*, eine abgebrannte Ziegelfabrik, den dahinterliegenden Strand, der schön, wild und außerhalb der Saison kaum besucht ist. In **Cava d'Aliga** [K10], der Marina von **Scicli** 15 › S. 100, säumen Restaurants und Ferienhäuser eine große und eine kleine Sandbucht mit interessant erodierten Felsformationen.

Donnalucata [K10], der nächste Ferienort, gehört ebenfalls zur Gemeinde Scicli und gelangte als »Marinella« in Camilleris Montalbano-Krimis › S. 41 zu Berühmtheit. Etwas ländlicher und ruhiger als das nahe Marina di Ragusa kann man es sich als Rückzugsort des Kommissars gut vorstellen. Die letzten 10 km macht die Straße einen Bogen landeinwärts bis **Marina di Ragusa** 13 › S. 99. Entlang der Meerespromenade Lungomare ist hier für jedes Vergnügen gesorgt. Am flachen Sandstrand können auch Kinder ungefährdet baden.

Sizilianisches Burgenland

Route: Caltanissetta › **Enna** › **Calascibetta** › **Leonforte** › **Sperlinga**

Karte: Seite 86
Länge: 77 km **Dauer:** 1–2 Tage
Praktische Hinweise:

• Die Strecke führt über kurvenreiche, teils steile Bergstraßen – bitte vorsichtig und defensiv fahren! Wer bei Sperlinga übernachten möchte, kann dies im 1 km nördlich von Nicosia gelegenen Baglio San Pietro €€ (Contrada San Pietro, Nicosia, Tel. 09 35 64 05 29, www.bagliosanpietro.com).

Tour-Start:

Die Burg der Bergwerksstadt **Caltanissetta** 3 › S. 94, wo man früher hauptsächlich Schwefel förderte, ist eine Gründung der Araber. Hinter dem wenig attraktiven Gürtel der Stadt wartet ein hübsches Zentrum mit dem Barockpalazzo Moncada. Von hier geht es ins östlich gelegene **Enna** 4 › S. 94, entweder schnell über die Autobahn oder schön auf der Landstraße durch karges Bergland. Hier sind die Festungsanlagen der Staufer ein Highlight und Zeugnis der letzten Blüteperiode maurisch-europäischer Kultur auf Sizilien. In den schmalen Gassen von **Calascibetta** › S. 95, das auf einem Bergsporn gegenüber liegt, kann man in mittelalterliche Atmosphäre eintauchen.

Gute Nerven und einen ruhigen Fahrstil erfordert die weitere Strecke nach **Leonforte** [J5] im Nordosten. Hier lohnt die Piazza Margherita mit dem *granfonte* (großer Brunnen), einem als Viehtränke angelegten, lang gestreckten Barockbrunnen mit 24 Wasserspeiern, einen Zwischenstopp. Anschließend geht's bergauf nach **Sperlinga** [J4] mit einer der eindrucksvollsten Burganlagen Siziliens. Sie wurde 1082 unter den Normannen angelegt und im 16. Jh. zu einer massigen Zitadelle mit darunter in den Fels gehauenen Zisternen, Vorratslagern und Geheimgängen ausgebaut. Zum Teil wurden dafür Höhlen benutzt, die bereits im Neolithikum als Behausungen dienten. Seien Sie bei der Besichtigung vorsichtig! (Tgl. 9.30–13, 15.30–19, im Winter 14.30 bis 18.30 Uhr, www.castellodisper linga.it.)

Unterwegs im Süden

Agrigento [F7]

Die 59 000 Einwohner zählende Provinzhauptstadt ist wegen des Hafens **Porto Empedocle** eine lebhafte Handelsstadt. Von Siedlern aus Gela 581 v. Chr. als Akragas gegründet, besiegten ihre Bewohner 480 v. Chr. in Himera an der Seite der Syrakusaner die Karthager. Aus dieser Epoche stammen die meisten Tempel, monumentale Zierde von Akragas, das der Dichter und Zeitzeuge Pindar als »schönste von den Sterblichen bewohnte Stadt« bezeichnete. Der Einzug der Römer im 3. Jh. v. Chr. bedeutete dann das Ende des Stadtstaats und der Blütezeit. Noch schloss sich eine Reihe wirtschaftlich sehr erfolgreicher Jahrhunderte an, unter byzantinischer Herrschaft aber begann der unaufhaltsame Niedergang. Girgenti, wie ihn die im 9. Jh. einfallenden Araber es nannten, stieg wieder zu einer unbedeutenden Provinzstadt ab.

Neustadt

Einen Rundgang durch die Neustadt beginnt man am besten auf der **Piazza Aldo Moro** Ⓐ mit ihren Parkcafés. Die Via Atenea schlängelt sich dann durchs Häusergewirr bis zur säkularisierten barocken **Chiesa del Purgatorio** Ⓑ, auch San Lorenzo genannt, mit reich verziertem Portal.

Den Akropolisfelsen erklimmt man kräfteschonend über die Serpentinen. Diese führen zunächst über die Via Fodera zur **Abtei Santo Spirito** Ⓒ, im 13. Jh. erbaut und in der Barockzeit tiefgreifend verändert. Ans Mittelalter erinnern noch das Portal und die Fassadenrosette (Kirche tgl. 9–13, 15–20 Uhr). **50 Dinge** ㊳ › **S. 16**. Linker Hand folgt bald die dreischiffige **Cattedrale San Gerlando** Ⓓ, ursprünglich ein Normannenbau über einem ehemaligen griechischen Zeus-Tempel. Der Glockenturm stammt aus dem 15. Jh., die Kassettendecke aus der Zeit des spanischen Königs Karl II. (17. Jh.).

Das Presbyterium überrascht mit einem akustischen Effekt: Jedes am Eingang der Kirche geflüsterte Wort ist in der Apsis deutlich zu hören. Das Diözesanmuseum zeigt prächtige Sakralgegenstände (Di–So 10 bis 19, So 13.30–15.30 geschl., im Winter Di–So 10–13.30 Uhr, www.museodiocesanoag.it).

Beim Abstieg zur Via Atenea kommt man an der **Chiesa Santa Maria dei Greci** E vorbei, die auf den Resten eines dorischen Athena-Tempels aus dem 5. Jh. v. Chr. ruht. Die dreischiffige Basilika ziert ein gotisches Portal, im Vorhof liegen noch Säulentrommeln des antiken Bauvorgängers (tgl. 10–13.30, 15.30 bis 19 Uhr).

Valle dei Templi ★

Südlich der Neustadt legt das Tempeltal mit seinen gigantischen Steinbauten noch heute Zeugnis von der Größe griechischer Stadtbaukunst ab. Es zählt zum UNESCO-Weltkulturerbe (tgl. 8.30–19 Uhr, www.parcodeitempli.net, das verbilligte Kombiticket gilt auch für das Archäologische Museum › S. 92).

Den Spaziergang beginnt man am besten beim höchstliegenden der antiken Bauwerke, dem **Hera-Tempel** F, auch Tempel der Juno Lacinia genannt; von seinen ursprünglich 34 Säulen ragen heute noch 25 Säulen in den Himmel. Von seiner beherrschenden Position auf einem Felsvorsprung überschaut man das gesamte Tempeltal.

Vorbei an Befestigungen und in die alten Stadtmauern gehauenen Begräbnishöhlen gelangt man zum am besten erhaltenen dorischen Tempel Italiens, dem **Concordia-Tempel** G ★. Bischof Gregor ließ das antike Heiligtum mit seinen 34 mächtigen Säulen im 6. Jh. zu einer dreischiffigen Kirche umbauen – und rettete es damit unbewusst vor der Zerstörung. Die Kirche wurde später geschlossen, der Tempel im 19. Jh. restauriert.

Imposant erheben sich die acht der einst 38 Säulen inmitten der Ruinen des **Herakles-Tempels** H auf einer rechteckigen, dreistufigen Plattform. Ein Erdbeben warf die übrigen Säulen zu Boden, deren Trommeln, soweit sie nicht im Laufe der Jahrhunderte als Baumaterial verschleppt wurden, in einem wilden Garten zwischen Ginster, Mandeln und Agaven überdauern.

Man überquert jetzt die Straße am zentralen Parkplatz und betritt das riesige Ruinenfeld des **Tempels**

Der Hera-Tempel liegt ca. 120 m ü. d. M.

des Olympischen Zeus ①, errichtet von karthagischen Sklaven nach dem Sieg bei Himera 480 v. Chr. Karthager waren es auch, die den Tempel keine 80 Jahre später wieder zerstörten. Neben den Säulen stützten 36 jeweils rund 7,5 m hohe männliche und weibliche Figuren das Gebälk des Monumentalbaus. Die Kopie eines dieser im 19. Jh. wieder zusammengesetzten Telamonen oder Atlanten (Originalteile im Archäologischen Museum › S. 92) liegt nun wie ein gefallener Krieger auf einem Schlachtfeld auf dem Boden der ehemaligen Cella.

Agrigento
(Agrigent)

0   500m

Ⓐ Piazza Aldo Moro
Ⓑ Chiesa del Purgatorio
Ⓒ Santo Spirito
Ⓓ Cattedrale San Gerlando
Ⓔ Santa Maria dei Greci

Ⓕ Hera-Tempel
Ⓖ Concordia-Tempel
Ⓗ Herakles-Tempel
Ⓘ Zeus-Tempel
Ⓙ Castor-und-Pollux-Tempel

Ⓚ Museo Archeologico Regionale
Ⓛ Chiesa S. Nicola

Originalteile der steinernen Atlanten sind
im Museo Archeologico zu besichtigen

Obwohl er nur noch aus kargen
Resten besteht, avancierte der **Castor-und-Pollux-Tempel** ➍ zum Wer-
beträger Siziliens, der millionenfach
abgebildet wurde: Er besteht aus
vier dorischen, Mitte des 19. Jhs.
über Eck wieder aufgerichteten
Säulen mit von weißem Stuck über-
zogenem Gebälk, an dem immer
noch Spuren der einstigen Bema-
lung zu erkennen sind.

Museo Archeologico Regionale ❻

Das Museum, das auf dem Weg vom
Tempeltal zur Stadt liegt, verfügt
über eine umfangreiche Sammlung
archäologischer Fundstücke vom
2. Jt. v. Chr. bis zu den ersten Jahr-
hunderten n. Chr., darunter eine
originale Atlantenfigur vom nahen

Zeus-Tempel. Ein Teil des Museums
bezieht die **Chiesa S. Nicola** ❼ mit
ein. Im romanisch-gotischen Bau
der Zisterzienser ist in einer Seitenkapelle der berühmte **Phädra-Sarko-
phag** (2. Jh. n. Chr.) zu sehen. Das
Relief erzählt in drei Szenen die
tragische Liebesbeziehung zwischen der Theseus-Gemahlin Phä-
dra und ihrem Stiefsohn Hippolytos
(Contrada S. Nicola, Di–Sa 9–19.30,
So, Mo bis 13.30 Uhr, www.parcodei
templi.net).

Casa di Pirandello

Im Ortsteil Kaos, an der Straße nach
Porto Empedocle, steht das Geburtshaus des sizilianischen Literatur-
nobelpreisträgers Luigi Pirandello
(1867–1936). Das **Pirandello-Museum** informiert über Leben und Werk
des Schriftstellers und Dramatikers
(Frazione Villaseta, Di–So 9–19, im
Winter 14–19 Uhr).

Info

Ufficio Relazioni con il Pubblico
• Piazza Aldo Moro 1 | Agrigento
  Tel. 09 22 59 32 27
  www.provincia.agrigento.it

Hotels

Baglio della Luna €€€
Sehr feines Hotel in einem Gutshof aus
dem 13. Jh.
• Via Serafino Amabile Guastella 1 C
  Valle dei Templi | Tel. 09 22 51 10 61
  www.bagliodellaluna.com

Blu Hotel Kaos €€–€€€
Über 100 Zimmer in einer renovierten
alten Villa, in traumhafter Strandlage
nahe dem Pirandello-Museum.

• Villaggio Pirandello | Agrigento
Tel. 09 22 59 86 22
www.bluhotels.it

Tre Torri €€
Attraktives, gut geführtes Haus mit
recht schönen Zimmern und Pool;
Anlaufstelle für Radler (Broschüre mit
Radtouren).
• Viale Cannatello 7 | Villaggio Mosè
Agrigento | Tel. 09 22 60 67 33
www.hoteltretorri.eu

Camere a Sud €
Freundliche Zimmer und herzlicher
Empfang in einem zentral gelegenen
Bed & Breakfast.
• Via Ficani 6 | Agrigento
Mobil-Tel. 34 96 38 44 24
www.camereasud.it

Camping
Nettuno
Schattiger Campingplatz unmittelbar
am Strand mit Pizzeria, Restaurant und
Snackbar.
• Via Lacco Ameno | Lido San Leone
Agrigento | Tel. 09 22 41 62 68
www.campingnettuno.com

Restaurants
Manhattan €€
Fisch sowie hausgemachte Pasta und
Pizza; auch an Tischen in der Gasse.
• Salita Madonna degli Angeli 9
(1. Gasse rechts von der Via Atenea)
Agrigento | Tel. 092 22 09 11

Per Bacco €€
Beliebte Trattoria mit Schwerpunkt auf
frischem Fisch.
• Vicolo Lo Presti | Agrigento
Tel. 09 22 55 33 69 | Mo geschl.

Trattoria dei Templi €€
Fischgerichte, selbst gemachte Pasta.
• Via Panoramica dei Templi 15
Agrigento | Tel. 09 22 40 31 10
www.facebook.com/trattoriadeitempli
Juli/Aug. So, sonst Fr geschl.

Kókalos €
Landgasthaus mit Garten zwischen
Tempeltal und Villaggio Mosè.
• Via Cavaleri Magazzeni 3 | Agrigento
Tel. 09 22 60 64 27
www.ristorante-kokalos.net

Pelagische Inseln 2 [D8–C10]

Von Agrigentos Hafen Porto Empedocle verkehren Fähren zu den Isole
Pelagie Linosa und Lampedusa.
Letztere kam als Hauptziel afrikanischer Boat People zu trauriger Berühmtheit. Die Flüchtlinge werden
in einem Lager im Inselinneren gut
vor den Augen der Feriengäste ver-
borgen. **Linosa,** die dem Festland
näher gelegene, ist vulkanischen
Ursprungs und hat außer hübschen
Lavastränden nur eines zu bieten:
Ruhe. **Lampedusa** ist quirliger und
lebhafter und besitzt eine gute tou-
ristische Infrastruktur mit Hotels
und Ferienklubs. Ihr größtes Kapital sind die weißen Sandstrände und
das türkisblaue Wasser in tief einge-
schnittenen Buchten. **Lampione** ist
kaum mehr als ein Fels im Wasser.

Info
Pro Loco Lampedusa
• Via Vittorio Emanuele 87
Lampedusa | Tel. 09 22 97 11 71

Fähren

Mit der Fähre dauert es eine Nacht von Porto Empedocle, mit dem Schnellboot 4 Std. und mit dem Flugzeug 1 Std. ab Palermo (www.mistralair.it).

Siremar
• c/o Ditta Strazzera
  Lungomare Rizzo | Lampedusa
  Tel. 09 22 97 00 03
  www.siremar.it

Ustica Lines
• Stazione Marittima | Lampedusa
  Tel. 0922 970774
  www.usticalines.it

Hotel

Belvedere €€
Freundliche, moderne Familienpension direkt am Hafen mit gutem Restaurant.
• Piazza Marconi 4
  Lampedusa
  Tel. 09 22 97 01 88
  www.hotelbelvederelampedusa.it

Caltanissetta 3 [G6]

Die ehemalige Bergwerksstadt (63 000 Einw.) ist nicht unbedingt attraktiv: Industrieanlagen und Wohnblocks der 1970er-Jahre ersticken nahezu das hübsche Zentrum mit dem **Barockpalazzo Moncada,** dessen Namensgeber die Grafen waren, zu deren Lehen der Ort und die Schwefelgruben gehörten.

Am östlichen Stadtrand wacht das **Castello di Pietrarossa** auf einem Felssporn. Es hat arabische Wurzeln, wurde von den Normannen übernommen und schließlich 1567 durch ein Erdbeben zerstört.

Hotel

Hotel San Michele €€
Großes Haus, modern und komfortabel, etwas außerhalb des Zentrums.
• Via Fasci Siciliani 6 | Caltanissetta
  Tel. 09 34 55 37 50
  www.hotelsanmichelesicilia.it

Enna 4 [H6]

Bereits die Griechen nannten das malerische Städtchen (28 000 Einw.) in fast 1000 m Höhe den »Nabel Siziliens«. Die Sikuler gründeten die Ansiedlung, die vermutlich eine der ältesten der Insel ist. Ab dem 7. Jh. v. Chr. geriet das antike *Henna* unter griechischen Einfluss. Mitte des 3. Jhs. v. Chr. brach die jahrhundertelange Herrschaft der Römer an. Rücksichtslos beutete Rom seine Kornkammer aus, und es war kein Zufall, dass 135 v. Chr. der erste Sklavenaufstand des Reiches von Enna seinen Ausgang nahm.

Den **Duomo** hatte 1307 Eleonora, die Frau Friedrichs II. von Aragón, gestiftet. Nach einem Brand im 15./16. Jh. wurde er wieder aufgebaut. Beeindruckend sind die Säulen aus schwarzem Basalt, die die drei Kirchenschiffe trennen.

Castello di Lombardia

Vor dem **Castello di Lombardia** erinnert ein Denkmal an Eunus, den Führer des Sklavenaufstands. Das Kastell am Nordostende des Felsrückens – von einst 20 Wehrtürmen sind noch sechs erhalten – wurde von Kaiser Friedrich II. errichtet. Sein Namensvetter Friedrich II. von Aragón ließ mehr als ein halbes

Jahrhundert später die Festung als Wohnsitz ausbauen (April–Aug. tgl. 9–20, Sept./Okt. 9–18, Nov.–März 9–16 Uhr). Die Handschrift des Stauferkaisers aber trägt unverkennbar die **Torre di Federico II.,** ein am anderen Ende der Stadt aufragender achteckiger Turm (geöffnet wie Castello, mit Mittagspause 13–14 Uhr).

Ein ca. 1000 m langer unterirdischer Gang verbindet den kaiserlichen Wohnturm mit dem Castello di Lombardia, das sich gegenüber der **Rocca di Ceres,** des Demeterfelsens, erhebt. In der Antike stand hier ein gigantischer Tempel für die Fruchtbarkeitsgöttin, von dem jedoch nichts erhalten geblieben ist und von dessen Existenz einzig die Berichte Ciceros zeugen.

Mandelblüte bei Enna

Info
Infopoint
• Via Roma 413
  Enna
  Tel. 09 35 50 23 62
  www.welcometoenna.com

Hotel
Hotel Bristol €€
Kleines, modernes Hotel im Zentrum.
• Piazza Ghisleri 13 | Enna
  Tel. 093 52 44 15
  www.hotelbristolenna.com

Restaurants
Divini Sapori €€–€€€
Das elegant-modern eingerichtete Lokal steht für beste Fischküche.
• Via Lombardia | Enna
  Tel. 09 35 50 62 15
  www.ristorantedivinisapori.it
  Mo geschl.

Centrale €€
Feine Pasta und lokale Spezialitäten in einem keramikgeschmückten Palazzo.
• Piazza VI Dicembre 9 | Enna
  Tel. 09 35 50 09 63
  www.ristorantecentrale.net
  Im Winter Sa geschl.

Trattoria La Trinacria €
Typische lokale Gerichte mit frischesten Zutaten und selbst gemachter Pasta.
• Via Caterina Savoca 10 | Enna
  Tel. 09 35 50 20 22

Calascibetta [H5]

Enna gegenüber liegt dieser malerische und kaum besuchte Gebirgsort (4600 Einw.). Bereits zur Sikulerzeit besiedelt, diente er in der Vergangenheit vielen Eroberern als Basis für den Versuch der Erstürmung der nahezu uneinnehmbaren Festung Enna.

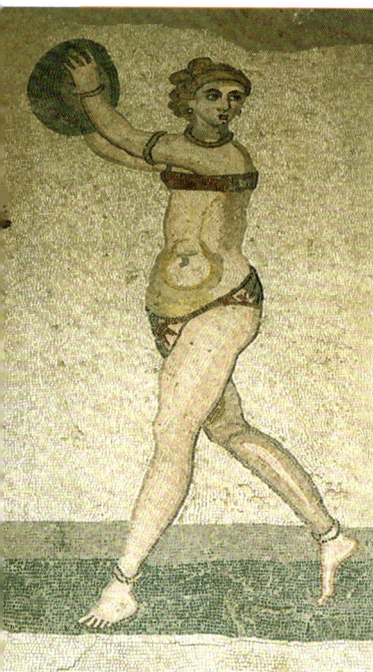

Eines der berühmten Bikini-Mädchen aus der Villa Romana del Casale

Hausherr der Kaiservilla

Nahmen die Archäologen in ihrer ersten Euphorie über den 1929 gemachten Sensationsfund an, dass die Villa von Piazza Armerina einst Kaiser Maximianus Herculius als Jagdsitz gedient hatte, so ist man heute davon überzeugt, dass der Hausherr ein römischer Beamter war, der seinen Reichtum durch den Handel mit Tieren für die römischen Zirkusspiele erworben hat. Vermutlich ist dieser sogar auf dem Mosaik im 70 m langen und 5 m breiten Wandelgang, das eine Großwildjagd in Afrika zeigt, dargestellt.

Piazza Armerina 5 [J6–7]

Das auf einem Hügel gelegene Städtchen (22 000 Einw.) ist mit seiner Burg aus dem 14. Jh. und der silbrig glänzenden Kuppel des Doms (17./18. Jh.) schon von Weitem zu erkennen. In den mittelalterlichen Gassen findet Mitte August zur Erinnerung an die Normannenzeit ein farbenprächtiger Umzug in historischen Kostümen statt: der Palio dei Normanni.

Info

Ufficio Informazione
• Via Atri Fundro 1 (Rathaus)
Piazza Armerina | Tel. 09 35 98 22 44
www.comune.piazzaarmerina.en.it

Hotels

Park Hotel Paradiso €€
Das 4-Sterne-Hotel liegt etwas abseits vom Zentrum, großer Pool.
• Contrada Ramaldo | Piazza Armerina
Tel. 09 35 68 08 41
www.parkhotelparadiso.it

Ostello del Borgo €
Komfortable Unterkunft in der Altstadt im ! Flügel eines Benediktinerklosters.
• Largo S. Giovanni 6 | Piazza Armerina
Tel. 09 35 68 70 19
www.ostellodelborgo.it

Restaurants

Al Fogher €€
Inselspezialitäten und eine große Auswahl an Weinen.
• Contrada Bellia 1 | Piazza Armerina
Tel. 09 35 68 41 23 | www.alfogher.net

Ristorante Pepito €
Familienbetrieb mit einfacher, aber
guter Küche.
• Via Roma 140 | Piazza Armerina
  Tel. 09 35 68 29 51
  www.pepitoweb.it | Di geschl.

Villa Romana del Casale ⭐

6 km südwestlich von Piazza Armerina wird seit 1929 diese luxuriöse
römische Villa aus dem 3./4. Jh.
n. Chr. freigelegt, die zum UNESCO-
Weltkulturerbe gehört. Man sollte
sie morgens besuchen, um der Ta-
geshitze unter den Plexiglasdächern
zu entgehen. Highlight der etwa 50
Räume sind die Fußbodenmosaiken, die eine Fläche von 3500 m²
bedecken. Die Darstellungen zeigen
Tier- und Jagdszenen, Mythen oder
römisches Alltagsleben. Berühmtes-
tes Motiv sind die »Bikini-Mädchen«, die eine damals übliche Gym-
nastikkleidung tragen (April–Okt.
tgl. 9–18, im Winter 9–16 Uhr, www.
villaromanadelcasale.it).

Gela ⑥ [H8]

Das 688 v. Chr. von den Griechen
gegründete Gela (77 000 Einw.) ist
heute ausnehmend unattraktiv. Ein
Besuch lohnt nur wegen des **Museo
Archeologico** ⭐, eines der interes-
santesten der Insel. Es hütet eine
weltweit beachtete Sammlung von
antiken Keramiken sowie die über-
aus schöne Skulptur eines Pferde-
kopfes (Corso Vittorio Emanuele 2,
Di–So 9–18.30 Uhr). Im Stadtteil

Capo Soprano zeigen die bis zu 8 m
hohen Mauern der griechischen Fes-
tungsanlage aus dem 4. Jh. v. Chr.,
wie mächtig die Stadt gewesen sein
muss (Di–So 9–18.30 Uhr).

Caltagirone ⑦ [J7]

Die Stadt (39 000 Einw.) wurde nach
einem Erdbeben 1693 im Barockstil
wieder aufgebaut. Sie gilt als Hoch-
burg der sizilianischen Keramik-
industrie. Zu den Attraktionen gehören der **Duomo San Giuliano** und
die 1608 angelegte Monumental-
treppe **La Scala** ⭐ mit 142 Stufen.
Deren 🛈 Schauseite zieren farben-
prächtige Majoliken mit Motiven aus
der sizilianischen Geschichte. Am
oberen Ende der Treppe, die zum
Fest des S. Giacomo (24./25. Juli) im
Licht Tausender Kerzen erstrahlt,
thront die **Chiesa S. Maria del Monte.**
Passend zur Stadthistorie vermittelt
das **Museo della Ceramica** einen
Überblick zur Keramikkunst von
den Anfängen bis heute (Giardini
Pubblici, Di–So 9–18.30 Uhr).

Info

Servizio Turistico
• Piazza Municipio 10 | Caltagirone
  Tel. 093 34 13 65
  www.comune.caltagirone.ct.it

Hotel

Pomara €€
Familiär geführtes Hotel mit Pool und
rustikalem Restaurant.
• Loc. San Michele di Ganzaria
  Via Vittorio Veneto 84 | Caltagirone
  Tel. 09 33 97 69 76
  www.hotelpomara.com

Die berühmte Keramiktreppe in Caltagirone

Restaurant

Non Solo Vino €€
Beste sizilianische Küche.
- Via Giardino Vittorio Emanuele 1
  Caltagirone | Tel. 093 33 10 68
  Mo. geschl.

Shopping

Maioliche Artistiche G. Alemanna
Traditionelle Keramik, aber auch einige
schöne moderne Stücke.
- Via Discesa Collegio 11 | Caltagirone
  Tel. 093 35 23 93
  www.ceramichealemanna.it

Ragusa 8 ⭐ [K9]

Eine Talsenke trennt die lebhafte
Provinzhauptstadt (65 000 Einw.) in
zwei Teile: im Westen erstreckt sich
die moderne, schachbrettartig angelegte Oberstadt, im Osten das be-

zaubernde **Ragusa Ibla** ⭐, in dessen
Zentrum die **Basilika San Giorgio**
über den Dächern des Domplatzes
thront. Im Zentrum der Oberstadt
lohnen die **Kathedrale San Giovanni**
einen Besuch und das **Museo Archeologico Ibleo** (Via Natalelli 11,
tgl. 9–19 Uhr). **50 Dinge** ⑩ › **S. 13**.

Info

Ufficio Informazione
- Piazza San Giovanni | Ragusa
  Tel. 09 32 68 47 80
  www.comune.ragusa.gov.it/turismo

Hotels

Eremo della Giubiliana €€€
Luxus pur mit stilvollen Zimmern in
einem historischem Klostergemäuer.
- S.P. 25 nach Marina di Ragusa, km 7,5
  Tel. 09 32 66 91 19
  www.eremodellagiubiliana.it

Il Barocco €€
Kleines Haus mit gutem Restaurant
mitten in der Altstadt.
- Via Santa Maria La Nuova
  Ragusa Ibla | Tel. 09 32 66 31 05
  www.ilbarocco.it

Restaurants

Don Serafino €€€
Edelküche im Herzen der Altstadt,
umfangreiche Weinkarte.
- Via A. G.Ottaviano 13 | Ragusa Ibla
  Tel. 09 32 24 87 78
  www.locandadonserafino.it | Di geschl.

Il Barocco €€
Sizilianische Küche zu zivilen Preisen,
hervorragendes Antipasti-Buffet.
- Via Orfanotrofio 29 | Ragusa Ibla
  Tel. 09 32 65 23 97 | www.ilbarocco.it

Gelati Di Vini

Das wohl beste Eis Siziliens: Wie wär's mit den Sorten *carruba* (Johannisbrot) oder *cioccolato al peperoncino*?

• Piazza del Duomo 20 | Ragusa Ibla
  www.gelatidivini.it

Shopping

Antica Drogheria

Kräuter, Tees, Liköre, Honig, Käse, Pasten u. v. m. der Hybläischen Berge.

• Corso XXV Aprile 57 | Ragusa Ibla
  www.anticadrogheriaiblea.it

Ausflüge von Ragusa

Comiso 9 [K9]

Ragusa ist ein günstiger Ausgangspunkt für Ausflüge in die Provinz, denn im Barock-Dreieck lassen sich auch in den kleineren Orten Entdeckungen machen. Comiso (30 000 Einw.), 9 km westlich, wird von der mächtigen Barockfassade der Kirche SS. Annunziata dominiert. Die Kirche San Francesco birgt eine Renaissancekapelle mit dem Grabmal der Lehnsherrnfamilie Naselli.

Vittoria 10 [J9]

10 km westlich von Comiso liegt Vittoria (63 000 Einw.). Die Stadt ist schachbrettartig um die Piazza del Popolo angelegt. Auch hier gibt es viel Barock zu sehen, aber auch schönen Jugendstil, z. B. am Theater.

Die Gegend um Vittoria ist ein bedeutendes Weinanbaugebiet; der hier gekelterte rote Cesaruolo di Vittoria ist bislang Siziliens einziger DOCG-Wein.

Chiaramonte Gulfi 11 [K8]

Der Ort liegt 15 km nördlich von Ragusa und ist ein fantastischer Aussichtspunkt mit Blick über die Felder und Hügel Innersiziliens. Beliebt ist das **Ristorante Majore** €–€€ mit toller Küche rund ums Schwein (Via Martiri Ungheresi 12, Tel. 09 32 92 80 19, www.majore.net).

Castello di Donnafugata 12 [J9]

Das Schloss liegt 23 km südwestlich von Ragusa in einem üppigen Park. Es soll G. Tomasi di Lampedusa zu dem Roman »Der Leopard« inspiriert haben (Di–So 9–13, Di, Do, So auch 14.45–16.30 Uhr). **50 Dinge 25** › S. 15. Die **Trattoria Al Castello** €€ in einem Nebengebäude serviert beste Hausmannskost (Tel. 09 32 61 92 60, www.alcastellodonnafugata.com).

Marina di Ragusa 13 [J10]

Im Sommer herrscht in dem Seebad mit seinem schönen Sandstrand viel Betrieb. Hier wie in den benachbarten Badeorten machen vor allem Sizilianer und Italiener Urlaub.

Hotel

Acacia Marina Palace €€

Modernes Ferienhotel mit eigenem Strandabschnitt, Restaurant und Pool.

• Via delle Sirene 35 | Marina di Ragusa
  Tel 09 32 23 92 00
  www.acaciamarina.com

Restaurant

Lido Azzurro Ristorante da Serafino 1953 €€

Eine Institution am Lungomare!

• Lungomare Andrea Doria
Tel. 09 32 23 95 22 | www.locanda
donserafino.it | April–Okt. geöffnet

Modica 14 ★ [K9]

Sein heutiges, beschwingt-barockes Gesicht verdankt das Bergstädtchen (55 000 Einw.) einem reichen Agrar-bürgertum, das es nach dem Erdbeben 1693 wieder aufbaute. Zu den wichtigsten Monumenten gehören die **Chiesa San Giorgio** mit reich verzierter Fassade sowie das **Museo Ibleo**. Es beherbergt eine der größten Sammlungen sizilianischer Volkskunst (Via Mercè, zzt. wegen Restaurierung geschl.). An den hier geborenen Literaturnobelpreisträger Salvatore Quasimodo (1901–1968) erinnert in der Casa di Quasimodo neben dem Rathaus die **Stanza della Poesia** (Di–So 10–13, 16–19 Uhr).

Ein wahres Schlaraffenland für Naschkatzen ist die **Antica Dolceria Bonajuto** (Corso Umberto I 159, Tel. 09 32 94 12 25, www.bonajuto.it). **50 Dinge** ⑫ › S. 12.

Info
Ufficio Turistico
• Corso Umberto I 141 | Modica
Tel. 34 66 55 82 27
www.comune.modica.gov.it
www.etnosmodica.it

Hotels
I Tetti di Siciliando €€
Das hübsch eingerichtete Haus bietet auch Mountainbike-Touren und Keramikkurse an.
• Via Cannata 24 | Modica
Tel. 09 32 94 28 43 | www.siciliando.it

L'Orangerie €€
Romantisches Hotel mit sechs nostalgischen Zimmern im historischen Zentrum.
• Vico de Naro 5 | Modica
Tel. 34 70 67 46 98 | www.lorangerie.it

Restaurant
Trattoria A Putia ro Vinu €€
Authentische hybläische Küche. **50 Dinge** ㉑ › S. 14.
• Via Pisacane 34 | Modica
Tel. 09 32 94 41 57
www.aputiarovinu.com

Scicli 15 [K10]

Das Städtchen (26 000 Einw.), 10 km südlich von Modica, kann sich mit dem Superlativ schmücken, die wohl verrückteste Barockfassade Siziliens zu besitzen. Der **Palazzo Beneventano** ist überreich geschmückt mit Fratzen und verzerrten Gesichtern, die auf und unter den Balkonen hervorlugen.

Sehr hübsch ist die grüne **Piazza Italia** mit der Kirche Sant'Ignazio, auf der alte Herren ereignisreicheren Zeiten hinterherträumen und dem Abendessen entgegendösen.

Cava d'Ispica 16 ★ [K9]
und Ispica 17 [L10]

Die **Cava d'Ispica** ist eine Karstschlucht im Tal des gleichnamigen Flusses. Hier finden sich vor- und frühchristliche Felsgräber, Höhlenwohnungen und Reste byzantinischer Höhlenkirchen mit Resten von Wandfresken. Vom Nordeingang (Mo–Sa 9–19, So 9–13.45, Winter bis 16 Uhr) kann man die Schlucht bis zum 13 km entfernten Ispica durchwandern. Am südlichen Zugang lohnt der **Parco Archeologico della Forza** bei Ispica einen Besuch mit in den Fels gehauenen Kirchen, Wohnungen und Gräbern (Mo–Sa 9–13 Uhr, www.comune.ispica.rg.it).

Das hoch auf einem Kalkfelsen thronende Städtchen **Ispica** (16 000 Einw.) präsentiert sich mit hübschen Barockfassaden wie die der **Chiesa SS. Annunziata.**

Noto 18 ⭐ [L9]

Höhepunkt des barocken Sizilien ist Noto (24 000 Einw.). Nach dem verheerenden Erdbeben von 1693 konnten in Noto – 10 km südöstlich des zerstörten Noto Antica – die sizilianischen Architekten Gagliardi, Sinatra und Labisi ihre barocken Fantasien ausleben und ihre Vorstellungen von der idealen Stadt verwirklichen. Terrassenförmig um drei prächtige Plätze herum gebaut,

entstanden aus dem goldgelben Sandstein der Hybläischen Berge im frühen 18. Jh. prunkvolle Paläste, Kirchen und Klöster, die zum UNESCO-Weltkulturerbe gehören. Seinen besonderen Charme verdankt Noto aber auch dem Verfall: So wachsen Bäumchen aus Simsen, Efeu wuchert aus den Fenstern.

An der attraktiven Hauptstraße **Corso Vittorio Emanuele** sowie den beiden parallel verlaufenden Straßen präsentieren sich die drei barocken Plätze (Immacolata, Municipio und XVI Maggio) mit ihren schwingenden Fassaden und ausladenden Freitreppen als großartige Ensembles.

Die wichtigsten Sakralgebäude sind die **Chiesa San Francesco** im Franziskanerkloster, der **Duomo SS. Nicolò di Mira e Corrado** mit seiner hinreißenden Fassade, die **Chiesa del Collegio** des Jesuitenklosters und die **Chiesa San Domenico** des Kollegs der Dominikaner. Keines der Klöster wird noch von den ursprüngli-

Prächtigster Bau in Noto: der barocke Dom mit seiner breiten Freitreppe

chen Orden genutzt. Sehenswert ist auch der heute als Rathaus fungierende **Palazzo Ducesio** mit seinem schönen Spiegelsaal.

Info
Ufficio Informazione
• Piazza XVI Maggio | Noto
Tel. 09 31 57 37 79
www.comune.noto.sr.it

Hotel
Albergo La Fontanella €€
Angenehmes, nostalgisches B & B in einem Palazzo im Zentrum.
• Via Rosolino Pilo 3 | Noto
Tel. 09 31 89 47 24
www.albergolafontanella.it

Restaurants
Il Cantuccio €€
Ausgezeichnete sizilianische Küche in den Arsenalen eines Palazzo.
• Via Conte di Cavour 12 | Noto
Tel. 09 31 83 74 64
www.ristoranteilcantuccio.it

Trattoria del Carmine €
Original sizilianische Hausmannskost.
• Via Ducesio 1/A | Noto
Tel. 09 31 83 87 05
www.trattoriadelcarrmine.it
Im Winter Mo geschl.

Riserva Naturale di Vendicari 19 [M9]

Südlich von Noto lädt die stille Dünenlandschaft des aus Lagunen und Brackwassern bestehenden Naturreservats zur Vogelbeobachtung, zum Wandern und zum Baden ein.

50 Dinge 27 › S. 15. Wer es etwas lebhafter mag, ist in dem von Salz und Sonne gebleichten Strandort **Marzamemi**, etwas weiter südlich, gut aufgehoben (www.marzamemi.com).

Portopalo di Capo Passero 20 [M10]

Das einzige spektakuläre Ereignis in der Geschichte dieses hübschen Ortes (3800 Einw.) an der Südostspitze fand im Juli 1943 statt: Hier landeten die Alliierten, um Sizilien zu befreien. Die entspannte Atmosphäre weicht nur in der Hochsaison touristischer Hektik. Die Via Vittorio Emanuele, auf der abends flaniert wird, mündet am kleinen Hafen gegenüber einer Felseninsel mit Leuchtturm. Die Gewässer um die 6 km westlich gelegene **Isola delle Correnti** gelten als Toprevier bei Wind- und Kitesurfern.

Hotel
Perseo €€
Angenehmes, kleines Mittelklassehotel im Ortszentrum mit Meerblick; das Restaurant bietet viel frischen Fisch an.
• Via Carducci 6 | Portopalo
Tel. 09 31 84 27 01
www.scala-sicilia.com

Avola 21 [M9]

Exakte Geometrie: Das am Meer liegende Avola (32 000 Einw.) hat den Grundriss eines sechszackigen Sterns. Mittelpunkt ist die **Piazza Umberto I** mit dem imposanten barocken **Dom**. Von ihr führen vier

Straßen in die vier Himmelsrichtungen schnurgerade zu vier weiteren Plätzen. Entlang des Corso sieht man hübschen Jugendstil als Abwechslung zum Überschwang des 17. Jhs. Schluchten und Höhlennekropolen findet man auch in der **Cavagrande del Cassibile;** spektakulär ist der Blick in den 250 m tiefen Canyon vom Aussichtspunkt 10 km in Richtung Palazzolo Acreide.

Siracusa 22 ⭐ [M8]

734 v. Chr. von Korinthern gegründet und in ihrer Blütezeit als griechischer Stadtstaat von gut einer halben Million Menschen bewohnt, zählt die heutige Hauptstadt der gleichnamigen Provinz rund 122 000 Einwohner. Seit 2005 gehört die Altstadt zum UNESCO-Weltkulturerbe.

Wie groß das antike Siracusa (Syrakus) einst war, lässt sich am besten von der Anhöhe des **Castello Eurialo** Ⓐ ermessen (ca. 8 km au-

ßerhalb, zu erreichen über die Ortschaft Belvedere; tgl. 9–19, im Winter Mo–Sa 9–17, So 8–14 Uhr). Die am besten erhaltene Befestigungsanlage des Altertums bot mit ihren Türmen, unterirdischen Gängen und Festungsgräben bis zu 3000 Soldaten und 400 Reitern Platz. Erst durch Verrat konnte sie von den Römern eingenommen werden.

Neustadt

Den besten Überblick über die Geschichte Siziliens erhält man im **Museo Archeologico Paolo Orsi** Ⓑ ⭐ im Park der Villa Landolina. Hier sind an die 15 000 Exponate vom Paläolithikum bis zur hellenistischen Epoche zu besichtigen; die Spätantike wird demnächst mit 5000 Objekten folgen (Di–Sa 9–18, So 9–13 Uhr). Gegenüber dem Landolina-Park ragt das **Santuario della Madonna delle Lacrime** Ⓒ empor, ein im Volksmund spöttisch »Zitronenpresse« genannter Betonklotz für Massen-Wallfahrten.

Eine großartige Anlage: das griechische Theater in Siracusa

Siracusa
(Syrakus)

0   300m

Eine Stätte des Urchristentums waren die weit verzweigten **Catacombe di San Giovanni** Ⓓ aus dem 4. Jh. n. Chr. mit Tausenden von Grabnischen. Durch die nach dem Erdbeben von 1693 nur noch in Ruinen erhaltene gleichnamige Basilika (6.–11. Jh.) gelangt man in die **Cripta di San Marziano**, in der der hl. Paulus gepredigt haben soll (tgl. 9.30–12.30, 14.30–17.30 Uhr, www.catacombesiracusa.it).

Parco Archeologico della Neapoli Ⓔ ⭐

Die wichtigsten Ausgrabungen der Stadt liegen im Nordwesten. Den Auftakt bildet das **römische Amphitheater** (tgl. 9–18 Uhr). Mit seiner elliptischen Form von 140 × 119 m war es eine der größten Anlagen der Antike. Der imposante Steinsockel westlich des Theaters war der Altar Hierons II., auf dem jedes Jahr im Frühling 450 Stiere geopfert wurden. Das **griechische Theater** ⭐ (tgl. 9–18 Uhr) aus dem frühen 5. Jh. v. Chr. zählt zu den bedeutendsten seiner Art. Tausende von Sklaven mussten die ehemals 67 Sitzreihen aus dem Felsen hauen. Im Sommer werden hier antike Stücke in italienischer Sprache und moderner In-

szenierung aufgeführt. Manche erlebten an gleicher Stelle vor über 2500 Jahren ihre Uraufführung (Programminfos unter Tel. 093 16 74 15, www.indafondazione.org). Kinder fasziniert das **Orecchio di Dionisio**, ein 20 m hoher Felsspalt, in den der Tyrann Dionisios seine Gefangenen eingesperrt und dank der fabelhaften Akustik belauscht haben soll (tgl. 9–18 Uhr; bei Aufführungen schließt der Park um 16.30 Uhr).

Altstadt

Die Altstadt von Siracusa liegt auf der **Insel Ortigia** ⭐. Über den Ponte Nuovo gelangt man nach wenigen Schritten zu den Überresten des **Tempio di Apollo** (Apollon-Tempel) Ⓕ, des ältesten dorischen Tempels auf Sizilien (6./5. Jh. v. Chr.). Ein hübscher Brunnen und Paläste aus dem 14. und 15. Jh. zieren die **Piazza Archimede** Ⓖ, die auf dem Weg zur architektonisch zauberhaften Piazza del Duomo liegt. Zwischen Apollon-Tempel und Piazza C. Battisti findet vormittags (außer So) ein gut sortierter Lebensmittel- und Textilmarkt statt.

An der **Piazza del Duomo** Ⓗ bildet der **Dom** ⭐ den Blickfang. Im 6. Jh. unter Einbeziehung von Bauelementen des Athena-Tempels aus dem 5. Jh. v. Chr. errichtet, erhielt er sein heutiges Aussehen im 18. Jh. Eine üppige Barockfassade ragt hinter der Freitreppe auf, die Statuen der Apostel Petrus und Paulus flankieren. In einer Seitenkapelle wird die fast 4 m hohe Silberstatue der hl. Lucia, der Schutzpatronin der Stadt, aus dem 16. Jh. aufbewahrt

Ⓐ Castello Euriolo
Ⓑ Museo Archeologico Paolo Orsi
Ⓒ Santuario della Madonna delle Lacrime
Ⓓ Catacombe di San Giovanni
Ⓔ Parco Archeologico della Neapoli
Ⓕ Tempio di Apollo
Ⓖ Piazza Archimede
Ⓗ Piazza del Duomo
Ⓘ Fonte di Aretusa

(tgl. 8–19 Uhr). Der Dom wird flankiert vom **Rathaus,** einem Werk des Baumeisters Giovanni Vermexio (1629). Ihm gegenüber erhebt sich der **Palazzo Beneventano del Bosco** (15. bzw. 18. Jh.).

Hochzeitspaare eilen, frisch getraut in Rathaus und Dom, durch ein Gässchen zur **Fonte di Aretusa** ❶, der legendären »Quelle der Nymphe Arethusa« › **Kasten rechts.**

Info
Ufficio Informazione
• Via Maestranza 33 | Siracusa
  Tel. 09 31 46 42 55
  www.comune.siracusa.it
  www.siracusaturismo.net

Hotels
Grand Hotel Ortigia €€€
Feines Haus in Meernähe; Dachgartenrestaurant mit Blick auf den Hafen.
• Viale Mazzini 12 | Siracusa
  Tel. 09 31 46 46 00
  www.grandhotelortigia.it

Villa Politi €€€
Großes, elegantes Jugendstilhotel mit viel Flair, hoch oben auf den Klippen.
• Via M. Politi Laudien 2 | Siracusa
  Tel. 09 31 41 21 21
  www.villapoliti.com

Alla Giudecca €€
❗ Wunderschöne Apartments und Suiten in restauriertem Altstadtgebäude.
• Via Alagona 52 | Siracusa
  Tel. 093 12 22 55
  www.allagiudecca.it

Gutkowski €€
25 sehr geschmackvoll eingerichtete Zimmer in zwei Altstadthäusern auf der Insel Ortigia.
• Lungomare di Levante Elio Vittorini 26 Siracusa | Tel. 09 31 46 58 61
  www.guthotel.it

Restaurants
Jonico'a Rutta'e Ciauli €€€
Sizilianische Spezialitäten im Spitzenlokal der Stadt.

Die Altstadt am Hafen von Siracusa

• Riviera Dionisio il Grande 194
Siracusa | Tel. 093 16 55 40
Di geschl.

La Gazza Ladra €€
Slow Food zu erschwinglichen Preisen;
viel junges einheimisches Publikum.
• Via Cavour 8 | Siracusa
Tel. 34 00 60 24 28
www.gazzaladrasiracusa.it
Mo geschl.

Trattoria Archimede €€
Traditionslokal im Altstadtzentrum, insel-
typische Küche, sizilianische Weine.
• Via Gemmellaro 8 | Siracusa
Tel. 093 16 97 01
www.trattoriaarchimede.it
So geschl.

Nightlife
Il Sale
Unter einem Olivenbaum wartet die
Jugend bei köstlichen Longdrinks darauf,
dass die Nacht erwacht.
• Via dell'Amalfitana 56/2 | Siracusa
Tel. 09 31 48 36 66

Ausflug in die Necropoli di Pantalica 23 🌟 [L8]

Die über 5000 aus dem Fels gehauenen sikulischen Grabkam-
mern (1200 v. Chr.) in romantischer
Berglandschaft erreicht man am
besten über Ferla. Die Nekropole
gehörte wahrscheinlich zur legendären Sikulerstadt Hybla, von der
jedoch heute nichts mehr erhalten
ist – womöglich waren die Häuser
aus Holz. Nur der aus Stein erbaute

Herrscherpalast **Palazzo del Principe**
überdauerte die Zeit. Vom Palazzo
wandert man auf schmalen markierten Pfaden vorbei an den leeren
Höhlen, in denen manchmal noch
Spuren der Herdfeuer späterer Bewohner zu erkennen sind, und gelangt zu einer einfachen Kirche. Seit
2005 ist die Nekropole von Pantalica UNESCO-Weltkulturerbe.

Ein reizvoller Wanderweg führt
hinab ins Tal des Anapo-Flusses. **50
Dinge** ⑧ › S. 13.

Die Arethusa-Legende:
Jedes Liebespaar auf Sizilien kennt
die Legende um die Quelle der Arethusa. Die schöne Nymphe hatte
einst auf dem Peloponnes gelebt. Um
sie vor den Nachstellungen des ver-
liebten Jägers Alpheios zu beschüt-
zen, verwandelte die Göttin Artemis
sie in eine Quelle im fernen Siracusa.
Der Verliebte verwandelte sich dar-
aufhin in einen Fluss und erreichte,
ohne sich mit dem Meer zu vermi-
schen, innerhalb von sieben Jahren
Ortigia, wo er sich endlich mit Arethusa vereinigen konnte.

In der Antike genoss die Nymphe in
Siracusa große Verehrung, denn erst
die Süßwasserquelle ermöglichte die
Stadtgründung. Als Wahrzeichen der
Stadt schmückte Arethusas Kopf die
Münzen von Siracusa, die jahrhun-
dertelang zu den meistgeschätzten Wäh-
rungen der griechischen Welt zähl-
ten. Und weil Nymphen laut Plutarch
ein Durchschnittsalter von 9620 Jahren erreichen, dürfte die Quelle auf
Ortigia nicht so bald versiegen.

CATANIA UND DER NORDOSTEN

Kleine Inspiration

- **Am Capo d'Orlando** mit Einheimischen zum Fischen gehen › S. 115
- **Ein Konzert** im Teatro Massimo Bellini in Catania besuchen › S. 119
- **Bei einem Cocktail** auf der Piazza IX Aprile in Taormina den Traumblick auf Meer und Ätna genießen › S. 126
- **Die Bergstädte der Madonie** mit ihren gedrängten Häusern und engen Gassen entdecken › S. 133

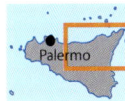
Wanderungen am Ätna, urbanes Flair im lebenslustigen Catania, im mondänen Taormina und in der Hafenstadt Messina, Strandleben in Cefalù und Giardini Naxos und Bergeinsamkeit im Parco delle Madonie.

Siziliens Nordosten steht ganz im Zeichen des Vulkans: Die Silhouette des **Ätna** ist von vielen Orten entlang der Ostküste sichtbar; ganze Städte wie Catania wurden aus Lavagestein erbaut. Auf seiner fruchtbaren Lavaerde wachsen Orangen, Zitronen und Wein und verleihen der Landschaft ein liebliches Gepräge. Wanderer können in den dichten Wäldern an seinen Hängen schattigen Wegen folgen. Wer in den dampfenden und brodelnden Gipfelbereich vorstoßen will, sollte dies besser nur in Begleitung erfahrener Führer tun.

Brodelnd ist auch **Catania**, die dunkle Barockschönheit mit sprichwörtlich permanentem Verkehrschaos, deren Märkte ein Erlebnis für alle Sinne sind. Ruhiger, aber nicht minder faszinierend ist die große Hafenstadt **Messina**. Kleinstädtisch, aber mondän räkelt sich **Taormina** auf seinem Felssporn und ist dabei nostalgisch und elegant zugleich, ein ideales Reiseziel für die Vor- und Nachsaison. Auch **Cefalù** an der Nordküste ist im Sommer sehr überlaufen, verwandelt sich aber an Herbst- oder Frühlingstagen wieder in das ruhige Fischerdorf mit zauberhaftem Flair.

Wer süchtig ist nach Sonne und Meer, der ist an beiden Küsten, im Osten wie im Norden, bestens aufgehoben. Ferienorte und die Lido genannten Badeanstalten reihen sich in einer unendlichen Kette aneinander. Hervorzuheben ist der große Badeort **Giardini Naxos** bei Taormina mit seinem umfassenden Sport- und Unterhaltungsangebot. Im Norden gilt die Lagune bei **Tindari** als Geheimtipp für Windsurfer, und am **Capo d' Orlando** können Sie nicht nur baden, sondern mit etwas Glück die Fischer bei ihren Fahrten begleiten. Wenn Sie dann genug haben vom Trubel, empfiehlt sich ein Abstecher in die stille Gebirgseinsamkeit der **Madonie**.

Oben: Eine Stadt und ihr Vulkan: Catania
Links: Blick auf die Isola Bella bei Taormina

Touren in der Region

Einmal um den Ätna

Route: Catania › Zafferana Etnea › Linguaglossa › Randazzo › Castello di Maniace › Adrano › Paternò › Catania

Karte: Seite 112
Länge: 153 km
Dauer: 1 Tag
Praktische Hinweise:
• Die Schmalspurbahn Ferrovia Circumetnea › **S. 121** umrundet ab Catania auf einer Strecke von 105 km (ca. 3 Std.) den Vulkan zu drei Viertel. In Giarre/Riposto steigt man in den Zug bzw. Bus um und fährt zurück nach Catania.

Tour-Start:

Den Weg durch den chaotischen Stadtverkehr **Catanias** [1] › **S. 115** in Richtung Zafferana Etnea zu finden ist nicht ganz einfach, aber sobald diese erste Hürde genommen ist, können Sie die Annäherung an den Vulkan genießen. **Zafferana Etnea** [L/M5] (9500 Einw.; 600 m) erlebte aufgrund seiner gefährdeten Lage unter dem Graben des Valle del Bove beim Ätna-Ausbruch 1991/92 – wie schon 200 Jahre zuvor – bange Monate, blieb aber mit Ausnahme eines kleinen Randgebiets von der Feuerwalze verschont. Das ruhige Städtchen ist Ausgangspunkt für Wanderungen aufs Vulkanmassiv,

oberhalb des Ortes bieten sich aber auch zahlreiche kleinere Spaziergänge durch Weingärten und Kastanienwälder an. Gutes »Basislager« für Ätna-Entdeckungen ist der Agriturismo **Codavolpe** €€ (Strada 87 N° 35, Trepunti die Giarre, Tel. 095 93 98 02, www.codavolpe.it).

Bei Zafferana Etnea startet die Straße auf den Ätna bis zum **Rifugio Sapienza** [3] › **S. 123**. Etwas weiter, bei der Sommerfrische **Milo** [M5] mit ihren großen Kastanienwäldern und Weingärten, beginnt die Mareneve-Straße (17 km) zum 1800 m hohen **Piano Provenzana** [L4], dem 2002 zerstörten Startpunkt für Wanderungen an der Nordseite des ständig aktiven Stratovulkans. Geführte Ausflüge führen auch zu den immer wieder neu entstehenden Kratern. Auf schmalen mäandernden Straßen geht es weiter nach **Linguaglossa** [M4] (5600 Einw., 550 m). Auch dieser Ort ist von Weinbergen umgeben und besitzt mit Ragabo einen schönen Pinienwald, eine Oase der Ruhe. Weinfreunde können sich in der Region auch mit dem dunkelroten, erdigen Ätna-Wein, dem Etna Rosso eindecken, beispielsweise bei der **Tenuta Scilio** in Valle Galfina an der Strada Provinciale nach Zafferana Etnea (www.scilio.it).

Das hübsche Städtchen **Randazzo** [5] › **S. 124** liegt ein Stück weiter westlich. Hier wendet sich die Ätna-Umrundung nach Südwesten zu einem bedeutenden Kulturdenkmal, dem **Castello di Maniace** [K4], auch

Nelson-Villa genannt. Die 1174 gegründete einstige Benediktinerabtei wurde nach dem Feldherrn Georgios Maniakes benannt, der hier 1040 die Araber bezwang. 1799 ging die Abtei in den Besitz des englischen Admirals Nelson über, ein Geschenk König Ferdinands III. für die Unterstützung im Kampf gegen Neapel. In einem Museum kann man u. a. eine Karaffe und ein Glas bewundern, aus dem Nelson am Abend vor der Schlacht von Trafalgar getrunken haben soll. Die Abteikirche ist im spätnormannischen Stil errichtet (tgl. 9–13, 15–19 Uhr).

Adrano [K5] (36 000 Einw.) ist das nächste Etappenziel. In der gewaltigen Normannenburg (11./14. Jh.) präsentiert das Archäologische Museum v. a. prähistorische Funde (Di bis Sa 9–19, So bis 13.30 Uhr). Bei den Ausgrabungen in der Archäologischen Zone (Contrada Mendolito) wurden bisher u. a. ein Stadttor mit einer Inschrift in sikulischer Sprache, eine Umfassungsmauer und zwei Basteien freigelegt.

Weiter in Richtung Südosten fahrend gelangt man nach **Paternò [L5]** (49 000 Einw.), Mittelpunkt des wichtigsten sizilianischen Anbaugebiets für Zitrusfrüchte. Der Ort liegt auf einer Terrasse über dem breiten Tal des Simeto, einer der zwei großen Flüsse der Insel. Paternò wurde in der Nähe des antiken Hybla Gaelatis von den Normannen gegründet, denen es die von Roger I. im Jahre 1073 erbaute und liebevoll restaurierte 34 m hohe Burg als Wahrzeichen verdankt. Nach 20 km erreicht man wieder Catania.

Städte des Ostens

Route: Messina › Scaletta Zanclea › Itala › Ali Terme › Nizza di Sicilia › Savoca › Letojanni › Taormina › Acireale › Aci Trezza › Catania

Karte: Seite 112
Länge: 100 km
Dauer: 2 Tage
Praktische Hinweise:
• Diese Route können Sie auch problemlos mit der Bahn bewältigen (Fahrpläne und Preise unter www.fsitaliane.it). Die Fahrt nimmt je nach Zug zwischen 1,5 und 2 Std. in Anspruch.

Tour-Start:

Wahre Genießer nehmen ab **Messina 9 › S. 129** die Nationalstraße N 114, um jederzeit für kurze Besichtigungen und kleine Seitensprünge ins Landesinnere bereit zu sein. Nach 17 km taucht das Städtchen **Scaletta Zanclea [N3]** auf, über dem ein im 13. Jh. von Friedrich II. errichtetes mächtiges Kastell thront. Es wurde beim verheerenden Erdbeben von Messina im Jahr 1908 schwer beschädigt.

Nach weiteren 3 km zweigt rechts die Straße zu dem kleinen Bergdorf **Itala [N3]** (1900 Einw.) am Hang des Monte Scuderi ab. Seine Sehenswürdigkeit ist die Normannenkirche San Pietro, im Jahr 1093 für den Orden der Basilianer errichtet und etwas einfacher gestaltet als die fast baugleiche SS. Pietro e Paolo in

Savoca › **S. 113**. Die Fassade schmücken Blendarkaden und ein spitzbogiges Portal, die Seitenschiffmauern sind kunstvoll mit verschränkten Blendbogenfriesen gestaltet.

Ali Terme [N3] (2600 Einw.) ist ein beliebter Kurort mit zwei Thermalquellen. 6 km oberhalb des Ortes liegt Ali Superiore mit der monumentalen Kirche Santa Agata aus der Spätrenaissance, deren Inneres ein kostbares geschnitztes Chorgestühl aus der Zeit um 1700 birgt.

Etwas weiter südlich folgt gleich der nächste Ort: **Nizza di Sicilia** [N3] (3700 Einw.) hat mit der berühmten Stadt an der Côte d'Azur nur den Namen gemeinsam, der sich (wie jener der Nachbargemeinde Fiumedinisi) vom Fluss Nisi ableitet. Von seiner mittelalterlichen Blüte zeugt noch das Castello d'Alcontres (Mitte 15. Jh.). Obwohl die Bevölkerung heute keineswegs wohlhabend ist, hat sie dennoch nie aufgehört, mit großem Aufwand ihre Heiligenfeste

(19. März, 15. Aug., 8. Dez.) zu feiern, zu denen Besucher aus ganz Sizilien anreisen.

Rund 8 km weiter führt ein Bergsträßchen nach Westen zum malerischen Bergdorf **Savoca** ⭐ [M3] mit der fantastischen Chiesa SS. Pietro e Paolo. Savoca war Schauplatz der Dreharbeiten für eine Reihe von Szenen des Mafiafilms »Der Pate« mit Marlon Brando. Entweder hat der Ort eine kluge Bevölkerung oder einen kunstsinnigen Paten: Tatsächlich ist, dass das Geld, das aus der Hollywood-Produktion nach Savoca floss, für die Renovierung des Ortes verwendet wurde.

Die N 114 führt über das Capo Sant'Alessio nach **Letojanni** [M4] (2800 Einw.), einem fröhlichen Seebad mit schönen Stränden. Entweder hier oder im unweit entfernten **Taormina** 6 › **S. 125** können Sie einen Übernachtungsstopp einlegen und die besondere Atmosphäre dieser Küste genießen.

Touren im Nordosten

Tour 7

Einmal um den Ätna

Catania › Zafferana Etnea › Linguaglossa › Randazzo › Castello di Maniace › Adrano › Paternò › Catania

Tour 8

Städte des Ostens

Messina › Scaletta Zanclea › Itala › Ali Terme › Nizza di Sicilia › Savoca › Letojanni › Taormina › Acireale › Aci Trezza › Catania

Tour 9

Siziliens Nordküste

Milazzo › Tindari › Capo d'Orlando › Acquedolci › Marina di Caronia › Castel di Tusa › Cefalù

Chiesa SS. Pietro e Paolo in Savoca

Am folgenden Tag geht es nach **Acireale** ⭐ [M5]. Schöne Barockbauten, allen voran Dom und Rathaus, schmücken die Metropole des sizilianischen Karnevals (53 000 Einw.). Die Thermalanlagen wurden schon von den Römer genutzt.

Letzte Station vor **Catania** **1** › **S. 115** ist der malerische Fischerort **Aci Trezza** [M5] (5000 Einw.). Das romantische Städtchen ist ein Ausflugsziel der Catanesen, die v. a. die guten Fischrestaurants schätzen. Unbedingt probieren sollten Sie den gegrillten Schwertfisch (*pesce spada alla griglia*) in der Trattoria da Federico €€ (Via Provinciale 115, Tel. 095 27 63 64, www.trattoriadafederico.it, Mo geschl.).

Legendenbehaftet ist der gesamte Küstenabschnitt zwischen Acireale und Catania, die **Riviera dei Ciclopi** (Zyklopenküste) [M5–6]. So berichtet Homer, dass sich Odysseus und seine Gefährten hier durch List und Blendung aus der Gewalt des Zyklopen Polyphem befreien konnten. Der blinde Riese schleuderte ihnen glühende Lavafelsen nach, die zischend im Meer versanken – die Zyklopenküste entstand.

🔵 Tour 9 Siziliens Nordküste

Route: **Milazzo** › **Tindari** › **Capo d'Orlando** › **Acquedolci** › **Marina di Caronia** › **Castel di Tusa** › **Cefalù**

Karte: Seite 112
Länge: 147 km
Dauer: 1 Tag
Praktische Hinweise:
• Auch diese Tour lässt sich bequem mit der Bahn bewältigen. Dauer ohne Zwischenstopps 1,5–2 Std. (www.trenitalia.it).

Tour-Start:

Ausgangspunkt der Tour ist **Milazzo** **10** › **S. 130**, wo die Fährschiffe zu den Liparischen Inseln ablegen. Die N 113 verläuft etwas landeinwärts, parallel zur Autobahn, nach Westen und erreicht kurz hinter Oliveri die Mitte des 20. Jhs errichtete Wallfahrtskirche der Schwarzen Madonna – kein Meisterwerk, doch Ausdruck sizilianischer Gläubigkeit.

Der naturbelassene archäologische Park **Tyndaris** [L2] bewahrt den besterhaltenen antiken Stadtwall Siziliens, Reste einer Römervilla mit Fußbodenmosaiken, ein sogenanntes römisches Gymnasium mit steinernen Torbögen und ein kleines Amphitheater, von dem aus man bei klarem Wetter die Inseln Vulcano und Lipari sehen kann (tgl. 9 Uhr bis 1 Std. vor Sonnenuntergang). Das nahe gelegene **Capo Tindari** [L2] ist ! Treffpunkt der Surfszene.

Nun verläuft die Straße direkt am Meer entlang. Hübsche Badeorte reihen sich auf dem folgenden Teilstück aneinander: Man passiert Patti und Gioiosa Marea und erreicht schließlich ! das herrliche Capo d'Orlando [K2], wo man einfache Apartments mieten und mit den Männern zum Fischen hinausfahren kann. Auch Acquedolci und Marina di Caronia schmücken sich mit weiten Sandstränden, Hotels und Restaurants. Da fällt der Fischerort **Castel di Tusa** [H3] etwas aus der Reihe: Wenige Kilometer hinter der Siedlung ragt am Strand eine 20 m hohe Skulptur auf, die wie ein überdimensionierter Fensterrahmen aussieht: Das »Monument für einen toten Dichter« des Künstlers Tano Festa ist Teil ! des Freilichtmuseums moderner Kunst **Fiumara d'Arte**. Initiator ist der Sizilianer Antonio Presti, der hier auch das Hotel Atelier sul Mare €€ betreibt, dessen Zimmer von Künstlern ganz unterschiedlich gestaltet wurden (Via C. Battisti 4, Tel. 09 21 33 42 95, www.ateliersulmare.com). Anschließend ist es nicht mehr weit bis **Cefalù** 11 › S. 131, dem Bilderbuchstädtchen der Nordküste.

Unterwegs in Catania 1 ★ [L6]

Catania ist temperamentvoll und charmant, schäbig und elegant, nostalgisch und hässlich modern gleichermaßen – ein Feuerwerk an Gegensätzen wie seine schlagfertigen und gewitzten Bewohner, die sich als Engel oder Teufel entpuppen können, niemals aber als Langweiler. Wer sich vom 5 km südlich gelegenen Flughafen Fontanarossa durch das Verkehrsgewühl der Stadt, der zweitgrößten Siziliens (315 000 Einw.), quält, kommt von den hässlichen Außenbezirken ins Herz der barocken Stadt.

Chalkidier aus Naxos siedelten 729 v. Chr. als Erste in der einzigen großen Ebene der Insel. Für ihre Fruchtbarkeit sorgten zwei Flüsse und der nahe Ätna. Dessen Ausbrüche wurden der Stadt seither schon dreimal zum Verhängnis – ebenso wie vier Erdbeben, die jeweils verheerende Zerstörungen über sie brachten. Im 18. Jh. verwirklichte nach einer solchen der Palermitaner **Giovanni Battista Vaccarini** seinen Traum von einer schwarzen, aus Lava und Basalt errichteten Barockstadt in Catania, in der sich schnurgerade, rechtwinkelig aufeinandertreffende Straßenzüge immer wieder zu Plätzen öffnen. Beeinflusst von Meistern aus Rom, schuf er eine Perle des sizilianischen Barock.

Synthese ägyptischer, römischer und barocker Kunst: der Elefantenbrunnen

Um die Piazza del Duomo ★

Der im 11. Jh. auf den Resten römischer Thermen errichtete **Dom A** bewahrte nur wenige Elemente aus der Normannenzeit: die drei Apsiden und das Querschiff. Den barocken Neubau mit seiner schwingenden Fassade schuf der Architekt Catanias, Giovanni Battista Vaccarini, der auch für alle übrigen Bauten dieser Epoche verantwortlich zeichnet (tgl. 8–12, 15–18 Uhr, während der Gottesdienste geschl., www. cattedralecatania.it).

Im Inneren stößt man rechter Hand auf das **Grabmal Vincenzo Bellinis** › S. 41 und das prachtvolle schmiedeeiserne Gitter der **Agatha-Kapelle**. Von der Stadtpatronin Ca-

tanias sieht man jedoch nur ein über und über mit Schmuck behängtes Bild. Lediglich zu ihren ❗ Festtagen im Februar wird ihre Büste aus dem verschlossenen Schrein in einer feierlichen Prozession in die gegenüberliegende **Chiesa della Badia di Sant'Agata B** mit der auffallenden achteckigen Kuppel gebracht (Di–So 9–12 Uhr).

Die Katastrophen im 17. Jh. konnte selbst Sant'Agata nicht verhindern. Im Schutt der Stadt fand Bauherr Vaccarini einen aus römischer Zeit stammenden Elefanten aus schwarzer Lava und einen ägyptischen Obelisk, aus denen er den **Elefantenbrunnen** schuf. Das Wahrzeichen der Stadt sorgt heute für kühlende Frische auf der als Barockensemble in ihrer Gesamtheit einfach hinreißenden **Piazza del Duomo,** die flankiert wird vom **Palazzo degli Elefanti** (Rathaus) und dem **Palazzo del Seminario** mit dem Diözesanmuseum.

Ebenfalls als hohe Kunst wird von alters her die Speiseeiszubereitung gepflegt. Süße Meisterwerke, *granita* wie *gelato,* gibt es z. B. im **Caffè del Duomo** (Piazza del Duomo 12) und natürlich in den Bars und Cafés entlang des Lungomare, der Uferpromenade.

Fischmarkt C ★

An dem dekorativen barocken Stadttor Porta Uzeda signalisiert der **Amenano-Brunnen,** den Tito Angelini 1867 zu Ehren des antiken Flussgottes Amenanos schuf, den Beginn des Fischmarktes in der Via di Benedetto. Das bunte Treiben rund um die aufs Appetitlichste arrangierten Fische und Meeresfrüchte sollte sich kein Besucher entgehen lassen. Dazwischen drängen vor Früchten überquellende Obst- und Gemüsestände, jeder einzelne eine Augenweide für sich. Unter ausladenden Sonnenschirmen stapeln sich Käse und Fleischwaren, daneben hält ein Bauer auf seinem Karren würzig duftende Kräuter feil – **!** mediterrane Lebensart wie aus dem Bilderbuch. Abends verwandelt sich der Markt in ein großes und preiswertes Freiluftrestaurant mit lockerer Atmosphäre, in dem gebrutzelt und gegrillt wird, was tagsüber keinen Abnehmer fand.

Castello Ursino **D** ★

Als Zwingburg und Kaserne wurde das Castello unter Friedrich II. von 1239 bis 1250 errichtet. Bis zum Ätna-Ausbruch von 1669 lag der von gewaltigen Rundtürmen flankierte vierflügelige Bau unmittelbar am Hafen, heute befindet sich das Kastell weitab vom Meer. Die Lavamassen zerstörten damals nämlich nicht nur weite Teile Catanias, sie vergrößerten gleichzeitig das Stadtgebiet. Zwar hielten die mächtigen Mauern der Stauferfeste der glühenden Lava stand, doch gut ein Drittel des Bauwerks verschwand unter der Erdoberfläche, wie Ausgrabungen eindrucksvoll demonstrieren. Am Nordportal ist noch der Kaiseradler Friedrichs II. zu sehen.

Im Inneren befindet sich das **Museo Civico**, das neben einer archäo-logischen Sammlung mit griechischen und römischen Fragmenten in seiner Pinakothek auch Kunstwerke aus der Zeitspanne vom 14. bis 20. Jh. zeigt (Mo–Sa 9–19, So bis 13.30 Uhr).

Teatro Greco **E**

Auf dem wieder in nördliche Richtung führenden Rundweg kann man in der Via Vittorio Emanuele die Überreste des teilweise freigelegten **Teatro Greco** besuchen (Eingang bei Nr. 266). Das Theater wurde in römischer Zeit für 7000 Besucher erweitert.

Gleich neben dem Theater fanden im römischen **Odeon** vor rund 1300 Zuschauern Gesangs- und Tanzaufführungen statt (Theater und Odeon tgl. 9–19 Uhr).

Buntes Treiben auf dem Fischmarkt

Blick über die Via Etnea zum schneebedeckten Ätna

Museo Belliniano

In Richtung Domplatz gelangt man zur Piazza S. Francesco mit der bombastischen Statue des Kardinal Dusmet (1818–1894). Im Haus mit der Nr. 3 kam 1801 Vincenzo Bellini › **S. 41** zur Welt. Hier zeigt ein kleines Museum in mehreren Räumen Briefe, Partituren und Erinnerungsstücke an den Komponisten (Mo–Sa 9–19, So bis 13 Uhr).

Via Crociferi ⓖ ★

Die Via Crociferi zählt als barockes Gesamtkunstwerk zu den schönsten Straßen Catanias. Der Name der seit dem 18. Jh. unveränderten Straße leitet sich vom Krankenpflegeorden der Crociferi ab. Auf nur 300 m reihen sich, unterbrochen von prachtvollen Palazzi (heute Sitz von Universitätsinstituten), vier Ordenskirchen samt dazugehörigen Klostergebäuden aneinander.

Via Etnea ⓗ ★

Die Via Etnea ist mit ihren exquisiten Boutiquen und noblen Restaurants Catanias Prunkboulevard. Die schnurgerade, 3 km lange Straße beginnt beim Domplatz und endet erst im modernen Stadtteil an der Piazza Gioeni. Auf der Höhe der Piazza Stesicoro findet man ein **Bellini-Denkmal** aus dem Jahr 1882 und die Reste des einst 16 000 Zuschauer fassenden **Römischen Amphitheaters.** Das Theater stammt aus dem 2. Jh. n. Chr. und wurde erst im 17. Jh. zerstört (Di–Sa 9 bis 19 Uhr).

Ein kurzer Abstecher führt von hier zur **Piazza Carlo Alberto.** Fast auf der gesamten Strecke findet tgl. von 8–13 Uhr ein bunter **Markt** ❶ statt: für nützliche ebenso wie unnütze Dinge, von essbar bis praktisch. Am Sonntag verwandelt er sich dann in einen Floh- und Antiquitätenmarkt.

Teatro Massimo Bellini

Catanias Reverenz an den großen Sohn und berühmten Komponisten ist das prächtige Bellini-Opernhaus im Stil der Neorenaissance. Es wurde 1890 mit der Oper »Norma« eingeweiht. Heute kann man hier Konzerte, Opern und Ballettaufführungen erleben (Piazza V. Bellini, Eingang Via Perotta 12, Besichtigung Di–Sa 9.30–12 Uhr, Programm und Karten: Tel. 09 57 15 09 21, www. teatromassimobellini.it).

Info

Info Point
• Via Vittorio Emanuele II 172
 Catania
 Tel. 095 42 55 72
 www.comune.catania.it

Weitere Informationsbüros gibt es am Flughafen und am Bahnhof.

Verkehr

Flughafen Filippo Eredia
• Fontanarossa, 20 km südlich der
 Innenstadt (Shuttlebusse)
 Tel. 09 57 23 91 11
 www.aeroporto.catania.it

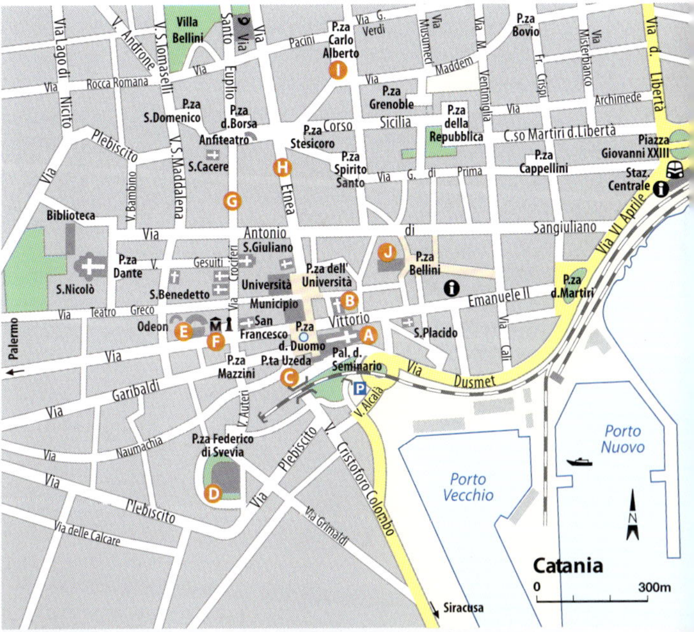

A Dom	**D** Castello Ursino
B Chiesa della Badia di Sant'Agata	**E** Teatro Greco
C Fischmarkt	**F** Museo Belliniano
	G Via Crociferi
H Via Etnea	
I Markt	
J Teatro Massimo Bellini	

Radio Taxi Catania
- Tel. 095 33 09 66
  www.radiotaxicatania.org

Hotels
UNA Hotel €€€
Catanias modernes Hotel-Flagschiff besticht mit elegantem Design in Schwarz und Weiß und hervorragendem Komfort.
- Via Etnea 218 | Catania
  Tel. 09 52 50 51 11
  www.unahotels.it

Trieste €€
Gebäude aus dem 19. Jh., nur 300 m von der Kathedrale entfernt, mit freundlichen, modernen Zimmern.
- Via Leonardi 24 | Catania
  Tel. 095 32 71 05
  www.hoteltriestecatania.com

Villa Paradiso dell'Etna €€
Wunderschönes Hotel mit einem vorzüglichen Restaurant. Erfreulicherweise stimmt auch noch das Preis-Leistungs-Verhältnis.
- Via per Viagrande 37 | Catania
  S.G. La Punta Richtung Etna Sud
  Tel. 09 57 51 24 09
  www.paradisoetna.it

I Vespri €
Schöne, charmante Zimmer, teils mit Gemeinschaftsbad.
- Via Montesano 5 | Catania
  Tel. 095 31 00 36
  www.ivesprihotel.it

Restaurants
Trattoria del Cavaliere €€€
Sizilianische Gerichte in einer Qualität, wie man sie sonst fast nirgends mehr bestellen kann.

- Via Paternò 11
  Catania
  Tel. 095 31 04 91
  www.trattoriadelcavaliere.it
  Mi geschl.

Il Mare €€
Gute Fischküche in angenehmer Atmosphäre nicht weit weg vom Dom. Lecker: *pappardelle al profumo di mare.*
- Via San Michele 7
  Catania
  Tel. 095 31 70 24
  www.trattoriailmare.com
  Mo geschl.

Metrò €€
Schickeriatreff mit edler Weinauswahl und ausgesuchten arabo-sizilischen Rezepten.
- Via dei Crociferi 76
  Catania
  Tel. 095 32 20 98
  Mo geschl.

Trattoria Romantica €
Tagesgerichte und Pizza zu sensationell günstigen Preisen, aber in mittelmäßiger Qualität; in einer Gasse unweit der Universität.
- Via Collegiata 9
  Catania
  Tel. 09 52 50 31 86

Nightlife
Agorà Bar
Die Bar des schicken Hostels im Zentrum von Catania wird gern von jungen Leuten aus aller Welt frequentiert.
- Piazza Currò 6
  Catania
  Tel. 09 57 23 30 10
  www.agorahostel.it

Den Ätna erleben

Den »Berg der Berge«, seit 2013 UNESCO-Welterbe, kann man auf vielfältige Art und Weise erleben – bei Wanderungen oder einer Rundfahrt mit der Schmalspurbahn.

Das engagierte **Museo delle Genti dell'Etna** [M5] in Macchia di Giarre erzählt von Bräuchen, Trachten und Menschen in den Ätna-Dörfern (Lungotorrente Emanuele Filiberto, tgl. 9–13, 16–19 Uhr). Im **Museo Vulcanologico** [L5] in Nicolosi erfährt man alles zur Geologie des Ätna (Via Battisti 28, Juni–Okt. Di bis So 10–18, Nov.–Mai 9–17 Uhr).

Die **Parkverwaltung** informiert über Touren, Bergführer und die Sicherheitssituation und gibt Broschüren zur Flora und Fauna heraus. Wanderer können auf markierten Wegen von **Schutzhütte** *(rifugio)* zu Schutzhütte wandern oder an geführten Touren teilnehmen.
- **Parco dell'Etna** [L5]
  Via del Convento 45 | Nicolosi

Tel. 095 82 11 11
www.parcoetna.it
- **Pro Loco** [M4]
  Piazza Annunziata 5 | Linguaglossa
  Tel. 095 64 30 94
  www.prolocolinguaglossa.it
- **Rifugio Casa Brunek** [M4]
  Strada Mareneve | Linguaglossa
  Tel. 095 64 30 15
  www.rifugio-brunek.it
- **Rifugio Ragabo** [M4]
  Strada Mareneve | Linguaglossa
  Tel. 095 54 78 41 | www.ragabo.it

Ein Erlebnis ist die Fahrt um den Ätna mit der **Schmalspurbahn** Circumetnea FCE. Sie benötigt für die 105 km lange Strecke von Catania nach Giarre/Riposto gute 3 Std.
- **Ferrovia Circumetnea** [L6]
  Via Caronda 352 | Catania
  Tel. 095 54 12 50
  www.circumetnea.it
  Einfach 7,25 €, Hin- und Rückfahrt 11,60 €

Unterwegs im Nordosten

Ätna 2 ⭐ [L4–5]

Mongibello, den Berg der Berge, nennen die Sizilianer den höchsten Berg Siziliens (3340 m), der vor ca. 1 Mio. Jahren aus einer breiten Meeresbucht auftauchte und 2013 auf die Liste des Weltnaturerbes der UNESCO kam. Er ist der jüngste Berg der Insel und zugleich Europas mächtigster aktiver Vulkan. Sein Massiv weist eine Oberfläche von 1750 km², einen Durchmesser von 42 km und einen Basisumfang von 212 km auf. Aufgrund der tektonischen Verschiebungen zwischen Eurasischer und Afrikanischer Platte kommt es immer wieder zu **Ausbrüchen.** Seit Beginn der geschichtlichen Aufzeichnungen hat man an die 140 große Ausbrüche registriert. Die verheerendsten Katastrophen ereigneten sich in den Jahren 475 v. Chr., 396 v. Chr. und 36 v. Chr. sowie 1329 und 1669, als ganz Catania zerstört wurde. 1928 wurde das Städtchen Mascali an der Zyklopenküste verwüstet, 1983 kam die 800 bis 1200 °C heiße Lava erst kurz vor der Ortschaft Nicolosi und 1991/92 nahe Zafferana Etnea zum Stillstand.

An Respekt hat es dem Feuerspeier niemals gefehlt, der Tod und Verwüstung, jedoch in Form von fruchtbaren Lavaböden und Wasser auch Leben bringt. Denn der hohe Berg zieht Regenwolken magisch an, die dem umliegenden Gebiet eine blühende Landwirtschaft bescheren.

Bis 500 m Seehöhe herrscht am Ätna subtropisches Mittelmeerklima. Hier werden Südfrüchte, Gemüse und Kartoffeln angebaut.

Mandelblüte mit Blick auf Castiglione di Sicilia und den Ätna

Dann fährt man durch die Zone des Wein- und Obstanbaus, in der Kirschen, Äpfel, Birnen, Pflaumen, Aprikosen und Pfirsiche gedeihen. Ihr folgen ab ca. 1300 m Edelkastanienwälder, bis allmählich Lavafelder das Bild beherrschen. Ab einer Höhe von 1900 m wächst nur noch Ätna-Ginster. Bis 2500 m ringt eine niedrige Vegetation wie Moose und Gräser ums Überleben. Der Rest ist Stein.

Ausgangspunkt für Gipfeltouren ist die Schutzhütte **Rifugio Sapienza** 3 [L5] (1911 m), die mit dem Auto von Nicolosi oder Zafferana Etnea aus erreichbar ist. Das Gelände ist mit zahlreichen Andenkenläden, Restaurants und Cafés der Tummelplatz aller Besucher des Parco dell'Etna. Von hier lohnt sich nur bei wirklich schönem und klarem Wetter die Weiterfahrt mit der **Seilbahn** (www.funiviaetna.com), die einen auf 2600 m Höhe bringt; von da geht es dann nur noch per Jeep bis zum **Torre del Filosofo** (Turm des Philosophen; 2917 m) voran. Benannt wurde dieser nach Empedokles aus Agrigento (5. Jh. v. Chr.), der der Legende nach durch einen Sprung in den Krater des Ätna seinem Leben ein Ende setzte, um der Erde näher zu kommen. Unweit von Rifugio Sapienza befinden sich rechter Hand die beiden **Silvestri-Krater,** die vor über 100 Jahren Lava Rauch und Asche ausspuckten.

Info
Rifugio Sapienza
• Tel. 095 91 53 21
  www.rifugiosapienza.com

Nicolosi 4 [L5]

Die mit 700 m höchstliegende Ortschaft am Ätna (5400 Einw., 15 km von Catania) lässt sich über eine gut ausgebaute Straße erreichen. Einst war das ehrwürdige Benediktinerkloster San Nicolò das Zentrum der im 13. Jh. entstandenen Siedlung. 1669 wurde sie durch den Ausbruch der nahen Monti-Rossi-Krater und 1693 durch ein Erdbeben ebenso stark zerstört wie Catania. Heute prägen vor allem Villen betuchter Catanesen das Ortsbild. Das kleine **Museo della Civiltà Contadina** zeigt das Leben am Ätna (Via G. Garibaldi 58, Di–Sa 9.30–12.30 Uhr).

Info
Servizio Turistico
• Piazza Vittorio Emanuele | Nicolosi
  Tel. 095 91 44 88
  www.comune.nicolosi.ct-egov.it

Parco dell'Etna
• Via del Convento 45 | Nicolosi
  Tel. 095 82 11 11 | www.parcoetna.it

Hotel
Alle Pendici €
Kleines, nettes Familienhotel im Zentrum, reichhaltiges Frühstücksbuffet.
• Viale della Regione 18 | Nicolosi
  Tel. 09 57 91 43 10
  www.hotelallependici.com

Restaurant
Feudo Delizia €€
Gutes Essen in einer renovierten Ölmühle.
• Contrada Segreta (Straße von Nicolosi Richtung Ragalna) | Nicolosi

In Randazzo gibt es drei Kirchen für drei verschiedene christliche Gemeinden

Tel. 095 91 89 50
www.ristorantefeudodelizia.it
Mo geschl.

Randazzo 5 [L4]

Wie Catania ist Randazzo (11 000 Einw.) eine der »schwarzen Töchter des Ätna«, weil viele der älteren Gebäude aus Lavagestein erbaut sind. **50 Dinge** ㉙ › **S. 15.** Die Stadt erlebte unter den Staufern und Aragonesen ihre Blüte. Noch bis ins 20. Jh. gab es unter der Bevölkerung drei Sprachgruppen, die sich aus dem Griechischen, Lateinischen und Lombardischen ableiteten. 1943 verschanzte sich die deutsche Wehrmacht bei Randazzo zu ihrer letzten Schlacht auf Sizilien, in der das malerische Städtchen schwere Beschädigungen erfuhr. Beachtung verdienen die drei Kirchen. Von der Originalanlage der **Chiesa San Martino** aus dem 14. Jh. ist noch der schmucke Glockenturm erhalten.

Gegenüber dem Gotteshaus stehen Reste der mittelalterlichen Zitadelle in Form eines **Turmhauses,** das im 16. Jh. als Gefängnis diente. Inzwischen hat hier das **Museo Archeologico** seinen Sitz, das auch mit Marionetten aufwartet (Tel. 095 92 10 28, nur nach Voranmeldung). In der **Chiesa San Nicolò** stammen noch das Querhaus und die Apsiden aus dem 14. Jh. Von der ursprünglichen **Chiesa Santa Maria,** im 13. Jh. in normannisch-staufischem Stil erbaut, sind noch die Apsiden und die linken Seitenmauern mit Drillings-, Zwillings- und Einzelbogenfenstern zu sehen. An der Piazza Santa Maria Nr. 5 bietet die **Pasticceria Musumeci** ein paradiesisches Angebot an Süßem (www.santomusumeci.it).

Hotel

La Fucina di Volcano €€
Modernes Hotel mit herrlicher Sicht auf den Vulkankegel. Organisiert Wanderungen, Radtouren und Reitausflüge.

• Contrada Piano Polo-Difesa (Straße
  Richtung Bronte) | Randazzo
  Tel. 095 69 37 30
  www.hotelristorantetna.it

Restaurant

Veneziano €€

Exzellente sizilianische Hausmannskost.

• Strada Statale 120, km 187
  Randazzo | Tel. 09 57 99 13 53
  www.ristoranteveneziano.it
  So abends und Mo geschl.

Taormina   [M4]

Die Urzelle und das Aushängeschild
des Tourismus auf Sizilien (11 000
Einw.) ist weltberühmt wegen seiner herrlichen Panoramalage auf
einer Terrasse des Monte Tauro
200 m über dem Meer und wegen
des milden Klimas. Im 19. Jh. war
der malerische Ort bevorzugtes Ziel
gekrönter Häupter. Heute sieht sich
der einstige Nobelort, der um seinen
Ruf als elegante Ausnahmeerschei-
nung kämpft, zwischen Ostern und
Oktober einem Massenansturm gegenüber, dem er verkehrsmäßig
kaum gewachsen ist.

Von der Bergstation der Seilbahn
oder vom Busbahnhof betritt man
den stets belebten **Corso Umberto,**
die rund 800 m lange Flaniermeile
der Stadt, durch die **Porta Messina**.
Nach wenigen Metern erhebt sich
auf der Piazza Vittorio Emanuele,
dem Forum der Antike, rechter
Hand der eindrucksvolle **Palazzo
Corvaja** (1410) mit einem Tor sowie
Dreifach- und Doppelbogenfens-
tern im gotisch-katalanischen Stil.
Der Palast wurde im 10. Jh. um einen Turm aus arabischer Zeit errichtet und ist heute u. a. Sitz des
Tourismusamts.

Der berühmte Taormina-Blick einmal von der anderen Seite

Souvenirs in Taormina

Griechisch-Römisches Theater ⭐

Über die Via Teatro Greco geht es Richtung Osten zum Griechisch-Römischen Theater, dem bedeutendsten antiken Bauwerk Taorminas (Sommer tgl. 9–19, Winter bis 16 Uhr). Die Römer bauten es im 2. Jh. v. Chr. auf die rund 100 Jahre älteren Mauern aus hellenistischer Zeit auf. Ein zweiter römischer Umbau drei Jahrhunderte später erweiterte das Auditorium nach oben. Im Zuschauerraum fanden bis zu 30 000 Menschen Platz. Heute wird hier im Sommer das Kulturfestival **Taormina Arte** abgehalten (www.taormina-arte.com).

Ein weiteres, vergleichsweise winziges antikes Theater lässt sich hinter der Chiesa Santa Caterina entdecken, das **Odeon** aus römischer Kaiserzeit, das etwa 200 Besuchern Platz bot. **Naumachia** nennt sich ein ebenfalls aus der Kaiserzeit stammendes, 122 m langes Ziegel-bauwerk mit großen und kleinen Bogennischen (Vicolo Naumachia, östlich parallel zum Corso).

Corso Umberto

Über den Corso erreicht man die **Piazza IX Aprile,** einen unübertroffenen Aussichtsplatz. Hier eröffnen sich Blicke auf das blitzblaue Meer, den Ätna und auf den Monte Tauro (398 m) mit den Resten eines arabischen Kastells.

Durch die **Porta di Mezzo** mit ihrem Uhrturm, die den Platz harmonisch abschließt, betritt man den ältesten Teil der Stadt. Nördlich der Piazza del Duomo steht die zinnenbekrönte **Badia Vecchia,** eine imposante Palastruine des 14. Jhs. mit kleinem Museum. Der Dom **San Nicolò,** ein Werk des 13. Jhs. mit späteren Umbauten, bewahrt in seinem dreischiffigen Innenraum Gemälde des 15. Jhs. von Antonio Giuffrè aus Messina.

Wenn man bei der Porta Catania das Ende des Corso erreicht, zweigt linker Hand ein Gässchen zum **Palazzo Duca di Santo Stefano** ab, einem interessanten Beispiel sizilianischer Baukunst des 14./15. Jhs. Links vom Domplatz geht es zum ehemaligen Kloster **San Domenico** aus dem 16. Jh., im Zweiten Weltkrieg Hauptquartier der deutschen Generalität, heute ein Luxushotel.

Infos

AAST

• Palazzo Corvaja | Piazza V. Emanuele II Taormina
Tel. 094 22 32 43
www.comune.taormina.me.it

Hotels

San Domenico Palace €€€
Hotel in einzigartigem Ambiente; die
Luxuskategorie hält, was sie verspricht.
• Piazza S. Domenico 5 | Taormina
  Tel. 09 42 61 31 11
  www.san-domenico-palace.com

Villa Belvedere €€€
Gemütliches Haus für Individualisten
mit Pool und perfektem Service.
• Via Bagnoli Croce 79 | Taormina
  Tel. 094 22 37 91
  www.villabelvedere.it

Villa Nettuno €€
Familiäres Hotel an der Seilbahn mit viel
nostalgischem Charme.
• Via Pirandello 33 | Taormina
  Tel. 094 22 37 97
  www.hotelvillanettuno.it

Villino Gallodoro €€
Hübsche Pension über der Bucht von
Mazzarò, kleine Zimmer, Terrasse mit
Ausblick, persönlicher Service.
• Via Nazionale 147/151 | Taormina
  Tel. 094 22 38 60
  www.hotelgallodoro.it

Restaurants

Licchio's €€€
Im begrünten Innenhof genießt man
u.a. gute Fischgerichte.
• Via C. Patricio 10 | Taormina
  Tel 09 42 62 53 27
  www.licchios.it | Do geschl.

Ciclope €€–€€€
Mitten in der Altstadt, traditionelle
sizilianische Küche.
• Corso Umberto 203 | Taormina
  Tel. 094 22 32 63 | Mi geschl.

'a Zammàra €€
Sizilianische Gerichte, serviert in einem
stimmungsvollen Orangengarten.
• Via F.lli Bandiera 13/15 | Taormina
  Tel. 094 22 44 08
  www.zammara.it
  Jan./Febr. und Mi geschl.

Trattoria da Nino €€
Sizilianisch und recht klein. Am besten
folgt man der Empfehlung des Chefs.
• Via Pirandello 37 | Taormina
  Tel. 094 22 12 65
  www.trattoriadaninotaormina.com

Nightlife

Caffè Wunderbar
Wenn es eine Institution des Nacht-
lebens in Taormina gibt, dann ist es die
Wunderbar!
• Piazza IX Aprile 7 | Taormina
  Tel. 09 42 62 53 02
  www.wunderbarcaffe.it

Giardini Naxos 7 [M4]

Die älteste Griechensiedlung Siziliens (9500 Einw.) ist heute, u.a. wegen der langen Sandstrände, ganz
auf Fremdenverkehr eingestellt.
Auswanderer aus Euböa ließen sich
734 v. Chr. am Kap Schisò nieder.
Der 21 ha große **Archäologische
Park** mit angeschlossenem Museum
birgt Reste von Stadtmauern und
eines vermutlich der Aphrodite ge-
weihten Heiligtums (Park und Museum tgl. 9–16/19 Uhr).
Im Ort ist auch abends viel los.
Eine angesagte Ausgehadresse ist
der **Club Marabù** (Via Jannuzzo, Tel.
094 25 40 76, www.facebook.com/
MarabuDiscoNaxos).

Info

AAST
- Via Tysandros 54 | Giardini Naxos
  Tel. 094 25 10 10
  www.strgiardini.it

Hotels

Hellenia Yachting €€€
Komfortables Hotel am Meer.
- Via Januzzo 41 | Giardini Naxos
  Tel. 094 25 17 37
  www.hotel-hellenia.it

Sant'Alphio Garden €€€
Erstklassiges modernes Haus.
- Via Recanati | Giardini Naxos
  Tel. 094 25 13 83
  www.santalphiohotel.com

Kalos €€
Preiswertes Strandhotel in ruhiger Lage
mit 32 modernen, hellen Zimmern.
- Via Calcide Eubea 29 | Giardini Naxos
  Tel. 094 25 21 16
  www.chincherinihotels.com

Villa Mora €€
Charmantes kleines Hotel.
- Lungomare Naxos 47 | Giardini Naxos
  Tel. 094 25 18 39
  www.hotelvillamora.com

Restaurants

Sea Sound €€€
Ausgezeichnetes Seafood.
- Via Jannuzzo 37/A | Giardini Naxos
  Tel. 094 25 43 30 | www.ristorante
  seasound.com | Mai–Okt. geöffnet

Al Feudo €€
Typisch sizilianisches Lokal mit ange-
schlossenem Laden.
- Via Francavilla snc. | Trappitello
  Tel. 094 25 80 42
  www.ristorantealfeudo.com
  Mo geschl.

Angelina €€
Fischrestaurant am Hafen.
- Via Calcide Eubea 2 | Giardini Naxos
  Tel. 094 25 14 77 | Mo geschl.

Beliebter Ferienort mit breiten, sandigen Stränden: Giardini Naxos

Gola d'Alcantara 8 [M4]

15 km westlich von Taormina hat der Fluss Alcantara eine 400 m lange und teils nur 8 m schmale Schlucht ins Gestein gefressen. Die Wände bestehen aus Lava, die beim Erkalten prismische Säulen gebildet hat. An Wochenenden ist die Alcantara-Schlucht ein beliebtes Ausflugsziel der Sizilianer und dann entsprechend voll. Vom Zugangstor geht's entweder zu Fuß oder per Lift hinunter auf Flussniveau. Da das Wasser mit 14 °C nicht gerade warm ist, sollte man zur Schluchterkundung Gummistiefel und -hosen ausleihen (tgl. 8–19 Uhr, www.goleal cantara.com). **50 Dinge** ⑤ › S. 12.

Messina 9 [N2]

Vom verheerenden Erdbeben 1908 hat sich die bedeutende Hafenstadt (242 000 Einw.) längst erholt. Mit großer Zähigkeit baute man die Stadt neu auf, die normannische Kathedrale wurde stilgetreu rekonstruiert. Die Bomben des Zweiten Weltkriegs zerstörten Messina erneut. Natur- und Kriegsgewalt hat nur die Normannenkirche **SS. Annunziata dei Catalani** ⭐ (12. Jh.) überstanden. Dcr **Dom** wurde zwar wieder errichtet – doch vom 1160 unter Roger II. begonnenen Ursprungsbau und der Barockpracht ist kaum etwas übrig (tgl. 7.30 bis 12.30, 15.45–19 Uhr). Unbedingt besuchen sollte man auch die **Schatzkammer** des Doms (Mo–Sa 10

In der Schlucht von Alcantara

bis 13, im Winter ab 10.30 Uhr) Ein schönes Beispiel manieristischer Bildhauerkunst ist der **Orionbrunnen** (1547) am Domplatz.

Im **Museo Regionale** in der Hafenbucht sind u. a. ein Flügelaltar ⭐ von Antonello da Messina und ein Gemälde von Caravaggio zu sehen (Viale della Libertà 465, Di bis Sa 9–19, So bis 13 Uhr).

Info

Ufficio Informazione
 Viale Boccetta 373 | Palacultura Messina | Tel. 09 07 72 35 53
 www.torrese.it

Hotel

Cairoli €€
Zentral gelegenes Komforthotel.
• Viale San Martino 63 | Messina
 Tel. 090 67 37 55 | www.hotelcairoli.it

Restaurant

Trattoria Al Padrino €
Spezialität des Hauses sind *involtini di pesce spada.* Lecker zum Dessert: die

cannolicchi. Sehr gutes Preis-Leistungs-Verhältnis, freundliche Bedienung.

• Via S. Cecilia 54
  Messina
  Tel. 09 02 92 10 00

Milazzo 🔟 [M2]

Die Hafenstadt, von der Fähren zu den Liparischen Inseln › **S. 134** starten, begrüßt Reisende zunächst mit einem Industriegürtel, entwickelt im Zentrum aber durchaus Charme. Beherrscht von einer im 13. Jh. errichteten mächtigen Burg präsentiert sich die Altstadt mit zahlreichen Palazzi, die allerdings zum Teil deutlich vom Verfall gezeichnet sind. Renaissancegemälde schmücken die Apsis des **Duomo Novo** in der Unterstadt. An der Spitze der von schönen Sandstränden gesäumten Landzunge **Capo Milazzo** bietet ein 78 m hoher Leuchtturm herrliche Ausblicke auf die Liparischen Inseln. **50 Dinge** ㉚ › **S. 15**.

Info

AAST

• Piazza C. Duilio 20 | Milazzo
  Tel. 09 09 22 28 65
  www.milazzo.info

Fähre

Siremar

Verbindungen mit Schnellbooten zu den Liparischen Inseln.

  Terminal Aliscafi
  Tel. 09 09 22 16 39
  Terminal Navi
  Tel. 09 09 24 00 81
  Milazzo | www.siremar.it

Hotel

Petit €€€

Kleines, sehr persönlich geführtes 3-Sterne-Hotel am Hafen mit schöner Dachterrasse, farbenfroh eingerichteten Zimmern und einem sehr guten Restaurant.

• Via dei Mille 38 | Milazzo
  Tel. 09 09 28 67 84
  www.petithotel.it

Der Normannendom in Cefalù

Restaurant

Al Bagatto €€

Weinbar in Hafennähe mit traditioneller
Küche. Vermietet auch Zimmer.

• Via Massimiliano Regis 7 | Milazzo
Tel. 09 09 22 42 12
www.locandadelbagatto.com
Nur abends geöffnet, Mi geschl.

Cefalù ⏹ ★ [G3]

Cefalù (14 500 Einw.) ist eines der
beliebtesten Meerbäder Siziliens:
Die bezaubernde Altstadt mit ihrem
Fischerhafen liegt unter einem
mächtigen Kalkfelsen, den die Griechen einst Kephale (Kopf) nannten.
Dieser Felsbrocken hat dem Städtchen seinen Namen gegeben.

Der **Corso Ruggero,** die Hauptfla-
niermeile, von der aus enge, arabisch anmutende Gässchen den an
Atmosphäre reichen Ort durchziehen, führt direkt zum imposanten
Normannendom ★. Den gewaltigen
Innenraum des 1131 unter Roger II.
begonnenen Baus unterteilen 16 antike Säulen mit römischen und byzantinischen Kapitellen sowie die
arabischen Mandelbögen in drei
Schiffe. Die byzantinischen Mosaiken in Chor und Apsis – in ihrem
Zentrum steht ein Christus Pantokrator – gelten als schönste Werke
dieser Art auf Sizilien (tgl. 8–19, im
Winter bis 16.30 Uhr).

Auf der **Piazza del Duomo** lässt
sich die beeindruckende Kathedrale
mit ihren gedrungenen Doppeltür-
men und dem grandiosen Mittel-
portal am besten bewundern.
Neben dem Dom befindet sich ein
sehenswerter Kreuzgang aus dem

❗Erst-klassig

Strände von mondän bis familiär

• **Mondello:** Liegestühle, Bade-
häuschen, kecke Strandboys,
Jugendstilvillen. Hier sonnt sich
Palermos Jeunesse dorée. › S. 66
• **Riserva Naturale dello Zin-
garo:** Glasklares Wasser und
einsame Buchten im schönsten
Naturpark Siziliens. › S. 70
• **Favignana:** Weißer Muscheltuff
lässt die Bucht Cala Rossa be-
sonders blau leuchten. › S. 74
• **Marinella di Selinunte:** Der
Paradise Beach im Belice-Mün-
dungsgebiet ist vor Bausünden
geschützt. › S. 78
• **Capo Bianco:** Breite Sandstrände, geschützt von einer Pineta.
Im August fest in der Hand sizilianischer Familien. › S. 82
• **Capo Tindari:** Bei Olivieri flitzen
Siziliens kühnste Surfer an riesigen Sandbänken vorbei. › S. 115
• **Capo d'Orlando:** Treff sizilianischer Gigolos – Beachlife, Surfen,
Steilküstencharme. › S. 115
• **Taormina:** Isola Bella, gleich unterhalb der Steilküste, heißt der
begehrteste Strand – mit den
teuersten Liegestühlen und dem
höchsten Flirtfaktor. › S. 125
• **Cefalù:** Westlich des Ortes
schließt sich ein breiter und ge-
pflegter Sandstrand [G3] an.
• **Capo Passero:** An der Südostspitze Siziliens laden schöne
Badebuchten zum Entspannen
ein. › S. 149

13. Jh. (tgl. 10–13, 15–18, im Winter 9–13, 15–16 Uhr).

Die Via Mandralisca führt vom Domplatz nach Osten. Im Haus Nr. 13 residiert das kleine **Museo Comunale Mandralisca,** das mit Antonello da Messinas berühmtem »Bildnis eines Unbekannten« (1470) glänzt (tgl. 9–19, Aug. bis 23 Uhr).

An der Einmündung in die Via Vittorio Emanuele geht man ein Stückchen nach Süden und erreicht die **Arabische Wäscherei,** einen bis ins 20. Jh. benutzten öffentlichen Waschplatz.

Info
AAST
• Corso Ruggero 77 | Cefalù
Tel. 09 21 42 10 50
www.comune.cefalu.pa.it

Hotels
Baia del Capitano €€€
Schöne, niveauvolle Hotelanlage mediterranen Stils im Grünen.
• Loc. Mazzaforno (ca. 5 km außerhalb) Cefalù | Tel. 09 21 42 00 03
www.baiadelcapitano.it

Le Calette €€
Angenehmes, familienfreundliches Haus.
• Via V. Cavallaro 12 | Loc. Caldura Cefalù
Tel. 09 21 42 41 44
www.lecalette.it
März–Okt. geöffnet

Collegio di Maria di Cefalù €
Von Ordensschwestern geführt, zentral gelegen, moderne Zimmer mit Bad.
• Piazza Marina 3 | Cefalù
Tel. 32 91 41 13 71
www.conventisicilia.it

Restaurants
Kentia al Trappitu €€–€€€
Pizza, Pasta und Fisch auf einer Terrasse direkt am Meer. **50 Dinge** ㉜ › S. 16.
• Via C. Ortolani di Bordonaro 96 Cefalù
Tel. 09 21 42 38 01
www.kentiaaltrappitu.it

Lo Scoglio Ubriaco €€
Pizza, Spaghetti und Fisch.
• Via C. Ortolani di Bordonaro 2–4 Cefalù | Tel. 09 21 42 33 70
Di geschl.

Cefalù ist ein beliebter Ferienort, der noch immer Fischerdorfromantik verströmt

Gut erschlossenes Wanderrevier: die eindrucksvolle Karstlandschaft der Madonie

Ausflug in die Madonie 12 ⭐ [G–H3]

Im Hinterland von Cefalù erstreckt sich über 40 000 ha und bis in 2000 m Höhe das Naturschutzgebiet der Madonie. 1989 wurde es zum Reservat erklärt. In den urtümlichen Dörfern wird noch altes Brauchtum bewahrt. Die Häuser, die in schmalen Gassen eng aneinanderrücken, trotzen so der Sommerhitze und den eisigen Winterwinden. In der Madonie herrschen Kork- und Steineichen vor, zusammen mit den im Osten anschließenden Nebrodischen Bergen gilt die Region als grüne Lunge Siziliens. Über 50 Wanderwege erschließen das Gebiet, Schutzhütten gewähren Unterschlupf. Und wenn Schnee liegt, werden die Skilifte angeworfen –

dann eilen Wintersportbegeisterte in Scharen von der Küste herauf.

Info

Informationsbüro Madonie

Hier erhält man auch eine informative Wanderkarte.

• Corso Ruggero 116 | Cefalù
  Tel. 09 21 92 33 70
  www.parcodellemadonie.it

Hotel/Restaurant

Giardino Donna Lavia €€

In der einstigen ⚡ Sommerresidenz des Jesuitenordens mit Ursprung im 14. Jh. wohnt man stilvoll und speist nach alten Rezepten. **50 Dinge** ㉒ › **S. 14.**

• Contrada Donna Laura
  Polizzi Generosa
  (von Polizzi Generosa aus 5 km auf der SS 643 Richtung Collesano)
  Tel. 09 21 55 11 04
  www.giardinodonnalavia.com

LIPARISCHE INSELN

Kleine Inspiration

- **Die bronzezeitliche Siedlung** von Capo Milazzese auf Panarea erkunden und anschließend bei einem Drink die tolle Aussicht auf der Terrasse des Lisca Bianca genießen › S. 141
- **Nordafrikanisches Flair** schnuppern bei einem Abendessen im Kasbah in Lipari-Stadt › S. 143
- **Gesundheit tanken** in der Vasca di Fanghi, einem Tümpel mit warmem Schwefelschlamm auf Vulcano › S. 143
- **Auf der Sagra del Cappero** in Pollara auf Salina unterschiedlichste Kaperngerichte probieren › S. 145

Vulkanzauber auf Stromboli, Promi-Spotting auf Panarea, Shopping in Lipari-Stadt, heilende Schlammbäder auf Vulcano, Malvasia und Kapern verkosten auf Salina, einsame Buchten erkunden auf Filicudi und Alicudi.

So nahe wie auf dem Stromboli kommt man einem aktiven Vulkan nur selten – allein schon für dieses Erlebnis lohnt die Überfahrt auf die Liparischen oder auch Äolischen Inseln (Isole Eolie). Der Krater auf Vulcano mit seinem Schwefelfeld am Südrand ist eindrucksvoll, wenngleich er keine Lava spuckt. Dafür ist der Aufstieg dort nicht so beschwerlich. Überhaupt finden geologisch interessierte Reisende auf den Liparischen Inseln viele Highlights – ein weiteres ist beispielsweise der eingebrochene Krater bei Pollara auf Salina.

Die Inseln sind kein Reiseziel für Menschen, die Action und ein breit gefächertes Unterhaltungsangebot brauchen; ihre Schönheit und ihr Reiz erschließen sich in vielen stillen Facetten: in verschwiegenen Buchten, die man erwandert oder mit dem Boot entdeckt, in einer fantastischen Unterwasserwelt, die man bei Tauch- oder Schnorchelexkursionen erkundet, in winzigen Fischerdörfern, in denen Esel das einzige Transportmittel sind.

Es gibt aber auch eine städtische, mondäne Seite dieses Archipels: Lipari-Stadt empfängt die mit der Fähre Ankommenden mit typisch süditalienischem Straßenleben, netten Läden, hervorragenden Restaurants, komfortablen Hotels und einem viel besuchten Sandstrand.

Das kleine Panarea wiederum lässt nur anhand der deutlich höheren Preise und dem stets von Jachten belagerten Hafen erkennen, dass sich hier jene aufhalten, die etwas bedeuten – zumindest in der Welt der Regenbogenpresse. Karge Felseneilande sind die beiden westlichen Außenposten Filicudi und Alicudi; Salina hingegen lockt mit dichtem Grün und den besten Kapern Italiens. Inselhüpfen lohnt sich, denn auf jeder Station werden Sie eine neue, eigene Welt entdecken. Sie brauchen nur etwas Zeit und Muße.

Oben: Hafenpromenade in Lipari-Stadt
Links: Blick auf die Insel Stromboli mit dem gleichnamigen Ort

Touren in der Region

Bergtour auf den Stromboli

Route: Stromboli-Stadt › Stromboli-Gipfel › Stromboli-Stadt

Karte: Seite 138
Dauer: 5–6 Std.
Praktische Hinweise:

- Die Wanderung, bei der man 924 m Höhenunterschied überwindet, darf nur in Begleitung eines offiziellen Bergführers unternommen werden. Vermittelt werden Guides u. a. von Magmatrek (Via Vittorio Emanuele, Tel. 09 09 86 57 68, www.magma trek.it). Die Touren sind gefragt, es empfiehlt sich, in der Saison lange im Voraus zu buchen!
- Die Führer nehmen nur gut ausgerüstete Wanderer mit: Feste Bergschuhe, ein Sonnenhut, ausreichend Proviant und Wasser sowie eine Taschenlampe für den nächtlichen Rückweg sind Pflicht.
- Im Sommer herrschen am Berg Temperaturen, die hohe Ansprüche an die körperliche Fitness stellen.

Tour-Start:

Die Gruppen treffen sich meist gegen 16 Uhr auf der Piazza in **Stromboli-Stadt › S. 139** und brechen dann in Richtung des Lokals L'Osservatorio auf, wo man in 400 m Höhe einen ersten, eindrucksvollen Blick über die Inseln und zum Vulkan genießen kann, an dessen Flanke die **Sciara del Fuoco › S. 141**, ein immerwährender Lavafluss, herunterkriecht. Ungefähr hier weicht die Vegetation schwarzem Lavagestein und -sand. Ziemlich steil geht es in Serpentinen weiter bergauf; anstrengend sind besonders die sandigen Passagen, in denen jeder Schritt zur Qual werden kann. Spätestens auf dem Gipfelgrat erkennen die Wanderer, wofür sie diese Strapazen auf sich genommen haben: Die **Krater des Stromboli › S. 139** liegen unmittelbar voraus. Nun heißt es Helme aufsetzen und den letzten, kurzen Anstieg meistern. Dann geht, wenn das Timing geklappt hat, die Sonne unter, und die Krater, die etwa 150 m unterhalb des Gipfels und der Betrachter liegen, spucken mit sturer Regelmäßigkeit etwa alle

Der steile Anstieg zum Stromboli

Aus dem Schwefelfeld am Rand des Kraters von Vulcano steigen Fumarolen auf

20 Minuten Feuergarben in den Nachthimmel.

40 Minuten sind jeder Gruppe auf dem Vulkan gestattet, dann werden die Taschenlampen angeknipst und der Rückweg angetreten. Gegen 22.30 Uhr ist man wieder unten im Ort angelangt.

 Ans Ende der Welt

Route: Lipari › Vulcano › Lipari › Panarea › Stromboli › Salina › Filicudi › Alicudi

Karte: Seite 138
Dauer: 7 Tage
Praktische Hinweise:
• Informieren Sie sich vorab über die genauen Fahrtzeiten der Fähren und Schnellboote. In der Hochsaison sind die Verbindungen häufig und gut, in der Nebensaison kann man auf abseits gelegenen Inseln

schon mal stranden (www.siremar.it, www.usticalines.it, www.ngi-spa.it). Schnellboote fahren zudem nur bei ruhigem Wetter! Bei hohem Seegang können die Verbindungen sogar ganz ausfallen.

Tour-Start:

Lipari **3** › S. 141 ist Dreh- und Angelpunkt der Fährverbindungen und somit ein guter Standort für Tagesausflüge. **Vulcano 4** › S. 143 gleich nebenan ist nur eine kurze Schiffspassage per Schnellboot oder Fähre von Lipari-Stadt entfernt. Nach der Besteigung des Vulkans und einem Schlammbad geht es noch am gleichen Tag zurück nach Lipari.

Auch das schöne, aber ungemein teure **Panarea 2** › S. 141 sollte man so besuchen, dass man dort nicht übernachten muss. Frühmorgens startet man von Lipari per Schnellboot zur Promi-Insel, wo man herrlich schnorcheln kann. Am späten

Nachmittag geht es dann weiter nach **Stromboli** **1** › S. 139. Mindestens zwei Nächte sollten Sie hier einplanen, wenn Sie den Vulkan besteigen wollen (**Tour** **10** › S. 136).

Nächstes Ziel ist das grüne **Salina** **5** › S. 144 im Westen, wo ebenfalls eine reizvolle Wanderung Gelegenheit zur Inselerkundung gibt. Zwei Übernachtungen sind angemessen, wenn man alle Schönheiten und kulinarischen Genüsse der Kaperninsel kennenlernen möchte.

Die westlichsten Eilande, **Filicudi** **6** und **Alicudi** **7** › S. 145, liegen wirklich am Ende der Welt. Sie werden selten angefahren: Zwei Schnellboote und eine Fähre von Siremar laufen sie täglich in der Hochsaison an, dazu kommt eine Verbindung von Ustica Lines. In den anderen Monaten ist die Anreise schwierig. Der Lohn für den Aufwand ist absolute, herbe Inseleinsamkeit.

Verkehrsmittel

• **Fähren** zu den Inseln starten ab Cefalù, Milazzo und Messina. Ein **Auto** mitzunehmen lohnt nur auf Lipari und Salina. Auf beiden Inseln gibt es ein gutes **Busnetz**. Wer möchte, kann sich so gut wie überall eine **Vespa** mieten.

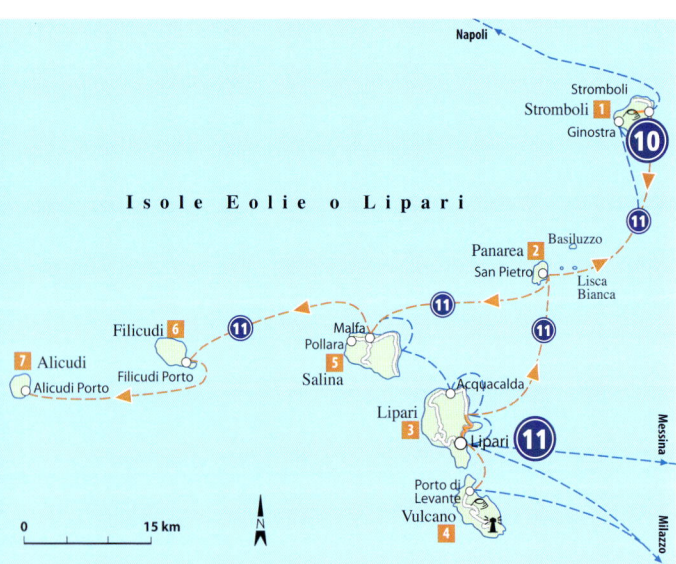

Touren auf den Liparischen Inseln

Tour **10**   **Bergtour auf den Stromboli**
Stromboli-Stadt › Stromboli-Gipfel › Stromboli-Stadt

Tour **11**   **Ans Ende der Welt**
Lipari › Vulcano › Lipari › Panarea › Stromboli › Salina › Filicudi › Alicudi

Unterwegs auf den Inseln ☆

Aus dem Feuer der Erde geboren, gebettet in kristallklares Wasser und umbraust vom stürmischen Atem des Windgottes Aiolos sind die sieben Vulkaneilande UNESCO-Weltnaturerbe und eine eigene kleine Welt mit unverwechselbaren Charakteristika.

Auf den Liparischen Inseln liegen die Preise für Unterkunft und Essen z.T. deutlich über sizilianischem Niveau.

Stromboli **1** ⭐ [J1]

Stromboli (12,6 km²) besitzt den aktivsten Vulkan des Mittelmeers mit durchschnittlich drei bis vier Ausbrüchen pro Stunde. Bekannt ist Stromboli auch für seine weiten schwarzsandigen Strände und den angeblich kleinsten Hafen der Welt: Das Dörfchen Ginostra an der Westflanke des Vulkans besitzt erst seit 2004 einen Kai, an dem Fährschiffe

anlegen können. In **Stromboli-Stadt** dreht sich alles um den Vulkantourismus, Führer kann man im Kiosk am Hafen engagieren. Ohne Guide ist die Besteigung des 924 m hohen Stromboli strikt verboten › S. 136. Die anstrengende Tour startet meist am späteren Nachmittag, der Aufstieg dauert zwei bis drei Stunden. **50 Dinge** ㉟ › S. 16.

Wem das zu beschwerlich ist, der kann den Vulkan virtuell besteigen: www.swisseduc.ch/stromboli.

Ginostra

Der zweite kleine Inselort ist nur per Schiff erreichbar. Nicht alle Fähren legen in Ginostra an, und oft ist die See dafür auch zu rau. **50 Dinge** ② › S. 12. Die alten Fischerhäuschen sind heute zumeist in Händen einer italienischen und internationalen Aussteiger- und Feriengemeinde, die sich um den Erhalt und Schutz dieses steil am Vulkanhang kleben-

SEITENBLICK

Vulkan im Viertelstundentakt

Stromboli ist der jüngste Vulkan im Archipel; er entstand vor etwa 40 000 Jahren. Seither schleudert er, unterbrochen von einigen schweren Ausbrüchen, Asche, Gase und Lava aus den Gipfelkratern in einer fast unheimlichen Regelmäßigkeit alle 15 bis 20 Minuten so in die Luft, dass die Lavaströme über seine Nordwestflanke, die Sciara del Fuoco › S. 141, ins Meer abfließen – ein eindrucksvolles Naturschauspiel. Die Eruptionen kündigen sich häufig durch lautes Grollen und schrilles Heulen an. Dass der Vulkan harmlos ist, kann man aus seiner regelmäßigen Aktivität allerdings nicht schließen. Im Jahr 2002 löste eine heftige Eruption einen kleinen Tsunami aus, der Stromboli-Stadt zum Teil überschwemmte. 2003 regneten Steinbrocken auf Ginostra herab, und der Berg blieb monatelang für Touristen gesperrt. Seit 2004 darf man ihn nicht mehr auf eigene Faust besteigen.

Blick von Panarea auf das vulkanische Spektakel auf Stromboli

den Dorfes verdient gemacht hat. So besorgen noch immer Esel den Transport angelandeter Waren und Passagiere bergauf. Unterkunft findet man in einem Bed & Breakfast oder man mietet sich ein Häuschen.

Das Dörfchen ist umgeben von einsamen Buchten, in denen man herrlich baden kann. Von Ginostra nehmen Touren auf den Stromboli ihren Ausgang, die wegen der geringeren Nachfrage individueller sind als die von Stromboli-Stadt startenden. Auch diese Touren sind nur mit Bergführer möglich, den man bei Magmatrek › S. 136 oder direkt in Ginostra engagieren kann.

Hotels
La Sirenetta Park Hotel €€€
Schöne Bungalowanlage mit Swimmingpool.
• Via Mons. Antonino di Mattina 33
  Stromboli-Stadt
  Tel. 090 98 60 25
  www.lasirenetta.it

La Locanda del Barbablù €€
Nette Pension in einem typisch äolischen Haus; zugleich auch eines der besten Restaurants der Insel.
• Via Vittorio Emanuele 17/19
  Stromboli-Stadt
  Tel. 090 98 61 18 | www.barbablu.it
  Nov./Dez. geschl.

Case Vacanze Ginostra €
Karola Hoffmann und Ulrich Stulgies leben seit Jahren auf der Insel und vermieten Privathäuser.
• Via Timpone 1
  Ginostra | Stromboli
  Tel. 09 09 81 24 23
  www.ginostra.de

Ausflug zur Sciara del Fuoco

Per Boot kann man zu der Stelle fahren, wo die Lava sich dampfend und zischend ins Meer ergießt – ein einmaliges Erlebnis. Die Schiffe starten gegen 22 Uhr, die Fahrt dauert rund 2,5 Stunden. Buchen kann man solche Exkursionen in Stromboli-Stadt, z. B. bei **Pasquale** (Tel. 33 83 94 87 27, www.strombo lidamare.it). **50 Dinge** ㉛ › **S. 15.**

Panarea ❷ [H1]

Die 3,4 km² große Insel ist fest in der Hand der oberen Zehntausend Italiens, die hier im Sommer ihre prächtigen Villen bewohnen. Besucher, die nur für ein oder zwei Tage kommen, zieht es v. a. zu den interessanten prähistorischen Ausgrabungen von **Capo Milazzese.** Dort kann man die Überreste eines bronzezeitlichen Dorfes erkunden.

Zur **Punta Milazzese,** einer idyllischen, von Felsen gerahmten Bucht, führt ein Fußweg in rund einer halben Stunde von Panarea-Ort nach Süden. 🛈 Die Gewässer sind hier glasklar und es gibt zahllose Felsnischen und -höhlen.

Hotel

Lisca Bianca €€€
Hoch über dem Hafen genießt man einen fantastischen Ausblick.
• Via Lani | Loc. San Pietro
Panarea
Tel. 090 98 30 04
www.liscabianca.it

Restaurant

Trattoria da Pina €€€
Für Panarea-Verhältnisse ein einfacher, netter Familienbetrieb mit schattiger, großer Terrasse und guter Küche.
• Via San Pietro | Panarea
Tel. 090 98 30 32
www.panareadapina.it

Tauchen

Amphibia
Professionell geführte Tauchexkursionen und Verleih von Tauchausrüstung.
• Via Iditella | Panarea
Tel. 090 98 33 11
www.amphibia.it

Lipari ❸ [G–H1]

Die Hauptinsel (37,6 km²) ist ein idealer Standort für Erkundungen des zauberhaften Archipels. **Lipari-Stadt** ist ein lebhaftes, reizvolles Städtchen mit guten Fährverbindungen zu den Nachbarinseln. Mittelpunkt und Hauptstraße des Ortes ist der Corso Vittorio Emanuele zwischen dem Fährhafen Marina Lunga und der Marina Corta, wo die meisten Ausflugsschiffe starten. Zahlreiche Restaurants und Hotels sowie der benachbarte Badeort **Canetto** mit seiner hell leuchtenden Spiaggia Bianca bieten eine perfekte Infrastruktur. Diese wiederum ist den Weltnaturerbehütern der UNESCO ein Dorn im Auge. Das Liparen-Archipel, v. a. aber Lipari, wurde ermahnt, keinen weiteren Raubbau an der Natur durch Hotelneubauten und den Bimssteinabbau zuzulassen. Es drohe sonst der Entzug des Welterbestatus.

Die Außenanlage des Hotels Tritone

Sehenswert in Lipari-Stadt ist das **Museo Archeologico Regionale Eoliano** mit einer Ausstellung zur Unterwasserarchäologie (Via Castello 1, im Sommer tgl. 9–13, 15–18 Uhr, im Winter nach Voranmeldung unter Tel. 09 09 88 01 74). 3 km von Lipari-Stadt bergauf nach Westen gelangt man zum herrlichen Aussichtspunkt **Quattrocchi**, wo man – wie der Name sagt – mindestens vier Augen haben möchte, um den Traumblick auf die Nachbarinsel

Vulcano und die Felsklippen zu genießen. Am Strand findet man häufig scharfkantige Obsidiansteine, die in der Antike kostbar waren, aber auch Bimsstein. **50 Dinge** ㊷ › S. 17.

Info
AAST Lipari
• Via Maurolico 13 | Lipari-Stadt
  Tel. 09 09 88 00 95
  www.comunelipari.gov.it

Verkehr
• Alle **Schiffe** legen an der Marina Lunga an; dort befinden sich auch die Büros der Gesellschaften.
• **Busse** starten etwa stündlich an der Marina Lunga und fahren alle wichtigen Orte der Insel an.

Hotels
Tritone €€€
Komforthotel mit Pool und exzellentem Restaurant, oberhalb von Lipari-Stadt.
• Via Mendolita
  Lipari-Stadt
  Tel. 09 09 81 15 95
  www.hoteltritonelipari.com

SEITENBLICK

Treff der Schönen und Reichen
Angefangen hat es mit einer Affäre zwischen Ingrid Bergman und dem Regisseur Roberto Rossellini 1949 anlässlich der Dreharbeiten zu »Stromboli – Terra di Dio«. Als Ingrid Bergman, die damals noch mit Petter Lindström verheiratet war, schwanger wurde, gab es einen Skandal, und die Liparischen Inseln rückten ins Bewusstsein der europäischen Celebrities. Fortan sollten sie immer wieder die Kulisse für reale wie für filmische Liebesabenteuer abgeben. Besonders Italiens High Society entdeckte die Äolen und vor allem das kleine Panarea, das im Juli und August im Ausnahmezustand lebt, bewohnt von Prominenten und belagert von Paparazzi. Domenico Dolce und Stefano Gabbana sind Stammgäste und laden jedes Jahr ihre besten Freunde ein. Dann werden Naomi Campbell, George Clooney und viele andere Stars und Sternchen auf der Insel gesichtet.

Diana Brown €–€€
Gemütliches B & B mit Dachterrasse.
• Vico Himera 3 | Lipari-Stadt
   Tel. 09 09 81 25 84
   www.dianabrown.it

Restaurants

E'Pulera €€
! Beste Fischküche nach regionalen
Rezepten in schönem Ambiente.
• Via Isabella Conti | Lipari-Stadt
   Tel. 09 09 81 11 58 | www.pulera.it

Kasbah €€
Nordafrikanisches Ambiente und originelle sizilianische Küche machen das
Restaurant zum idealen Ort für ein besonderes Abendessen.
• Vico Selinunte 45 | Lipari-Stadt
   Tel. 09 09 81 10 75
   http://kasbahcafe.it
   Mi geschl., Okt.–Febr. nur abends
   geöffnet

La Nassa €€
Exzellente Fischgerichte und pikante
hausgemachte Wurst.
• Via G. Franza 36 | Lipari-Stadt
   Tel. 09 09 81 13 19 | www.lanassa.it

Vulcano 4 [G2–H2]

Die Insel (21 km²) mit ihrem 391 m
hohen großen Krater lässt hautnah
spüren, welche Feuerkraft hier noch
in der Erde steckt. In einer naturbe-
lassenen Anlage lädt ein Tümpel aus
sich ständig erneuerndem Schwefelschlamm, die *Vasca di Fanghi*, zu
einem heilsamen, geruchsintensiven
Bad ein. Anschließend wird die nach
Schwefel stinkende Brühe unter der
Dusche abgewaschen.

**! Erst-
klassig**

Gratis entdecken

• **Ausgrabungen:** An jedem ersten Sonntag im Monat darf man
den ganzen Tag über kostenlos
auch die großen Ausgrabungsstätten wie das Tal der Tempel
› S. 90 bei Agrigento oder die
Villa Romana del Casale › S. 97
bei Piazza Armerina besichtigen.
• **Volksfeste:** Die Umzüge zu Ehren der jeweiligen Ortsheiligen
sind immer auch kleine Volksfeste, an denen jeder teilnehmen
darf, z. B. am Fest der Stadtheili-
gen Sant'Agata im Februar in
Catania. › S. 116
• **Strände:** Die meisten Strände
Siziliens sind im Sommer mit
Liegestuhl- und Sonnenschirm-
verleih bewirtschaftet. Doch fast
immer findet man seitlich dieser
Zonen einen Bereich, wo man
problemlos und ohne Kosten sein
Badetuch ausbreiten kann.
• **Kunstpark:** Fiumara d'Arte beim
Fischerort Castel di Tusa ist eine
Galerie im Freien, deren Groß-
werke in der Landschaft verteilt
und für jeden ohne Eintritt zugänglich sind. › S. 115
• **Kachelkunst:** Die öffentliche
Freitreppe von Caltagirone zeigt
auf ihren mit handbemalten
Kacheln verkleideten 142 Stufen
die Geschichte der sizilianischen
Keramik. Besonders eindrucksvoll
wird sie am 24./25. Juli in Szene
gesetzt bei der Festa di San Giacomo. › S. 97

Gesellig und zugleich gesundheitsfördernd: ein Bad im Schwefelschlamm von Vulcano

Zur Besteigung der **Fossa del Vulcano** folgt man vom Hafen der einzigen Inselstraße, die serpentinenreich bergauf führt. Der Aufstieg dauert etwa eine Stunde, im Gipfelbereich vernebeln häufig dampfende Fumarolen die Sicht, bis ein Windstoß die Rauchwolken teilt. Der Vulkan ist ein Schläfer, er raucht mal mehr, mal weniger vor sich hin, könnte aber auch irgendwann heftig ausbrechen. Vom Kraterrand kann man auf den rund 50 m tiefer gelegenen Kraterboden hinuntersteigen oder einfach den Rundblick genießen. Es gibt auf halber Strecke zwar einen Getränkestand, doch nimmt man besser ausreichend zu trinken mit. Auch stabiles Schuhwerk ist notwendig!

Hotel
Les Sables Noirs €€€
Edle Luxusherberge an einem schwarzen Sandstrand.

• Porto di Ponente
Vulcano
Tel. 09 09 98 50
www.hotelvulcanosicily.com

Restaurant
Don Piricuddu €€
Gilt als bestes Restaurant der Insel. Wie nicht anders zu erwarten, bildet Fisch den Schwerpunkt der Speisekarte.
• Via Lentia | Vulcano
Tel. 09 09 85 24 24

Salina **5** [G1]

Das grüne Herz der Äolen (26,8 km²) ist eine Bauerninsel. Köstliche Kapern und der Malvasia-Wein zählen zu den Spezialitäten des zum großen Teil unter Naturschutz stehenden Eilands, das zudem ein reizvolles Wanderrevier ist. **!** Ein beliebtes Ziel ist der erloschene Vulkan **Monte Fossa delle Felci** (962 m). In den beiden Inselhäfen **Santa Marina di**

Salina und **Rinella** kann man Fahrräder oder Roller mieten.

Wichtigstes Anbaugebiet für Kapern ist die Region um **Pollara**, wo am ersten Sonntag im Juni ein großes Kapernfest, die *Sagra del Cappero*, gefeiert wird. Die Landschaft hier sieht aus wie ein weiter Talkessel, ist aber tatsächlich der Rest eines Vulkankraters, der zum Meer hin abbrach.

Der früher über steile Stufen erreichbare Strand unterhalb der Abbruchkante müsste all jenen bekannt vorkommen, die den Film »Il Postino« (»Der Postmann«), gesehen haben, der hier mit Phillipe Noiret und Massimo Troisi 1994 gedreht wurde. Die Schauspieler wohnten ein Dorf weiter in **Malfa** im Hotel Signum (› **unten**), damals die einzige komfortablere Unterkunft der Insel. Heute ist dieser berühmte und sicherlich schönste Strand Salinas aus Naturschutzgründen gesperrt.

Hotels

Signum €€€

❗ Hübsch über mehrere Häuschen verteiltes, charmantes Hotel. Der Wellnessbereich ist unter freiem Himmel und verbindet so Entspannung mit Naturerlebnis. **50 Dinge** ④ › S. 12.

• Via Scalo 15 | Malfa
Salina
Tel. 09 09 84 42 22
www.hotelsignum.it

Mamma Santina €€–€€€

Das komfortable Hotel hat sich aus einer Familienpension entwickelt und besitzt immer noch familiäres Flair.

• Via Sanità 40
Santa Marina Salina | Salina
Tel. 09 09 84 30 54
www.mammasantina.it

Restaurant

Da Marco €

Pizza auf Äolisch: zum Beispiel mit Minze und Basilikum oder auch mit Stockfisch.

• Rotabile 18 | Loc. Rinella
Leni | Salina
Tel. 09 09 80 92 31

Filicudi ⑥ [F1] und Alicudi ⑦ [E1]

Die beiden Inseln mit ihren von Grotten ausgehöhlten Felsküsten waren trotz ihrer isolierten Lage bereits in der Bronzezeit besiedelt, wie Funde auf Filicudi belegen. Obwohl sie nur gut 15 km auseinander liegen, ist das Meer zwischen ihnen

Auf Salina gedeihen nicht nur die Kapern prächtig

Fischerboote im kleinen Hafen von Alicudi

doch bis zu 1000 m tief und besitzt eine artenreiche Unterwasserwelt.

Filicudi, die größere der beiden äolischen Außenposten, laufen die Schiffe von Salina kommend zuerst an. Ein paar kleine Siedlungen kleben an der Flanke des 774 m hohen Vulkans Fossa dei Felci. Der einzige von Land aus zugängliche Strand befindet sich in der Nähe des Hafens, alle anderen Buchten und Grotten sind nur per Boot vom Wasser her zu erreichen (Bootsverleih und -touren am Hafen).

Auf der noch kleineren Insel **Alicudi** ist man dann wirklich am Ende der Welt. Gerade mal 100 Bewohner zählt das Felseiland mit dem 675 m hohen Fillo del'Arpa. Es gibt keine Straßen, die Häuser sind nur durch Treppenwege verbunden. Viel mehr als an der Küste baden und den Vulkan erwandern ist auch hier nicht zu tun – beide Inseln sind Ziele für Einsamkeitsfanatiker und Individualisten.

Hotels

La Canna €€–€€€

Hotel in schöner Panoramalage; geschmackvoll eingerichtete Zimmer, Pool und Restaurant mit Terrasse sorgen für ungetrübte Urlaubsfreuden.

• Via Rosa 43 | Filicudi
  Tel. 09 09 88 99 56
  www.lacannahotel.it

La Sirena €€–€€€

Pension mit Restaurant im Dörfchen Pecorini westlich von Filicudi-Ort. Vermietet auch Ferienhäuser.

• Via Pecorini a Mare | Filicudi
  Tel. 09 09 88 99 97
  www.pensionelasirena.it

Restaurant

Da Nino sul Mare €€–€€€

Bietet seit 1962 gute Fischküche, direkt am Strand gelegen.

• Am Hafen von Filicudi-Ort
  Tel. 09 09 88 99 84

Der Strand von San Vito lo Capo

EXTRA-TOUREN

Antike, Vulkan & Strände – eine Woche im Osten

Tour 12

Route: Messina › Taormina › Ätna › Catania › Nekropole von Pantalica › Siracusa › Noto › Capo Passero › Ispica › Modica › Ragusa › Marina di Ragusa › Gela › Caltagirone › Piazza Armerina › Enna › Catania

Karte: Klappe hinten

Distanzen: Messina › Taormina 50 km, 1 Std.; **Taormina › Nicolosi › Rif. Sapienza/Ätna** 75 km, 1½ Std.; **Rif. Sapienza › Catania** 35 km, 45 Min.; **Catania › Pantalica** 45 km, 1 Std.; **Pantálica › Siracusa** 30 km, 40 Min.; **Siracusa › Noto › Capo Passero › Ispica** 90 km, 1½ Std.; **Ispica › Modica › Ragusa** 40 km, 45 Min.; **Ragusa › Marina di Ragusa** 25 km, 30 Min.; **Marina di Ragusa › Vittoria › Gela** 65 km, 1 Std.; **Gela › Caltagirone** 40 km, 50 Min.; **Caltagirone › Piazza Armerina** 30 km, 35 Min.; **Piazza Armerina › Enna › Catania** 120 km, 1¾ Std.

Verkehrsmittel:

Die Tour ist theoretisch auch mit öffentlichen Bussen machbar, nimmt dann aber deutlich mehr Zeit in Anspruch, da diese wochentags nur in größeren Abständen und an den Wochenenden teilweise gar nicht verkehren. Die Fahrt auf den Ätna müsste mit einem Reiseveranstalter organisiert werden. Wesentlich flexibler ist man mit dem eigenen Fahrzeug.

Antikes Theater: Taormina mit dem Ätna

Die östlichen Hänge der Monti Peloritani begleiten die erste Etappe von der lebhaften Hafenstadt **Messina** › S. 129, vorbei an einer Kette kleiner Städte und Ferienorte am Ionischen Meer, in das hoch am Hang gelegene **Taormina** › S. 125 mit dem grandiosen antiken Theater. Das Städtchen mit seinem schicken Flair verdient einen Übernachtungsstopp. Am folgenden Tag geht es auf kurvenreicher Bergstraße hinauf zum **Ätna** › S. 122; ab dem Rifugio Sapienza kommt man in der Kraterregion nur noch mit Seilbahn, Spezialjeeps und zu Fuß weiter. Abends hat man in **Catania** › S. 115 die Qual der Wahl zwischen

Barocke Gesamtkomposition aus strahlend weißem Kalkstein: der Domplatz von Siracusa

vielen hervorragenden *ristoranti*. Ein Abstecher landeinwärts erschließt tags darauf die geheimnisvolle **Nekropole von Pantalica** › S. 107 und die Ruinen des griechischen **Akrai** › S. 85.

Siracusa › S. 103 verdient zwei Übernachtungen. Hier locken u. a. die barocke Altstadt, griechische und römische Ruinen, das imposante antike Bollwerk des Castello Euriale und ein hervorragendes Archäologisches Museum. Danach führt die Route am Golf von Noto entlang zur Barockkapitale **Noto** › S. 101 und weiter zur Südostspitze Siziliens am **Capo Passero** ❗ mit schönen Badebuchten, bevor Sie die Tour im sizilianischen Barock-Dreieck von **Ispica** › S. 100, **Modica** › S. 100 und **Ragusa** › S. 98 fortsetzen. Übernachten kann man auch in den jeweiligen Marinas der Städte. Vor allem **Marina di Ragusa** › S. 99 bietet ein großes Freizeitangebot.

Über das geschäftige **Vittoria** › S. 99 nach **Gela** › S. 97 fahrend, sollte man sich von der Industrieperipherie und Betonarchitektur der Hafenstadt nicht abschrecken lassen, denn das antike Gela war eine der bedeutendsten Metropolen Siziliens, deren Spuren das Archäologische Museum dokumentiert. Dann aber nichts wie weiter ins idyllische **Caltagirone** › S. 97, Siziliens Töpferstadt mit der berühmten Keramiktreppe. Hier oder im nahen **Piazza Armerina** › S. 96 können Sie übernachten und sich am nächsten Tag mit Muße dem Mosaikzauber der römischen Villa hingeben.

Das fast 1000 m hoch gelegene **Enna** › S. 94, die nächste Station, ist Siziliens geografischer Mittelpunkt und war einer der Lieblingsorte des Stauferkönigs Friedrich II., der die Stadt mit einem mächtigen Kastell befestigte. Von hier können Sie einen Blick über die fruchtbaren Ebenen Westsiziliens werfen, bevor Sie nach Catania und ans Meer zurückkehren.

In Westsizilien auf den Spuren von Griechen, Mauren & Normannen

Tour 13

Route: Palermo › **Erice** › **San Vito lo Capo** › **Trapani** › **Marsala** › **Mazara del Vallo** › **Sciacca** › **Agrigento** › **Caltanissetta** › **Enna** › **Cefalù** › **Termini Imerese** › **Bagheria** › **Palermo**

Karte: Klappe hinten

Distanzen: Palermo › **Erice** 120 km, 1½ Std.; **Erice** › **San Vito lo Capo** 35 km, 45 Min.; **San Vito lo Capo** › **Trapani** 45 km, 1 Std.; **Trapani** › **Marsala** 30 km, 40 Min.; **Marsala** › **Mazara del Vallo** 20 km, 30 Min.; **Mazara del Vallo** › **Sciacca** 55 km, 1 Std.; **Sciacca** › **Agrigento** 60 km, 1 Std.; **Agrigento** › **Caltanissetta** 60 km, 1 Std.; **Caltanissetta** › **Enna** 40 km, 45 Min.; **Enna** › **Cefalù** 105 km, 2 Std.; **Cefalù** › **Termini Imerese** 35 km, 30 Min.; **Termini Imerese** › **Bagheria** › **Palermo** 40 km, 30 Min.

Verkehrsmittel:

Ohne das entsprechende Zeitbudget und sehr viel Gelassenheit wird diese Tour mit öffentlichen Verkehrsmitteln schnell zur Geduldsprobe. Mit dem eigenen Fahrzeug erschließen Sie dagegen Westsizilien bequem und ohne zu hetzen in einer Woche bis zehn Tagen.

Von **Palermo** › **S. 56** geht's zunächst am Meer entlang und dann landeinwärts in westlicher Richtung nach **Segesta** › **S. 69** mit seinem hervorragend erhaltenen Elymer-Tempel und dem hellenistisch-römischen Theater. Nächstes Etappenziel ist das mittelalterliche Bergstädtchen **Erice** › **S. 71**. Es ist ein Paradebeispiel für die kulturellen Einflüsse, die den Westen Siziliens prägten: Gegründet von Griechen, von Mauren befestigt und schließlich von Normannen übernommen, trägt es alle drei Kulturen in sich. Von hier schlängeln sich schmale Sträßchen nordwärts entlang des Naturschutzgebietes **Zingaro** › **S. 70** in den Badeort **San Vito lo Capo** › **S. 70**, ein idealer Übernachtungsstopp für alle, die am herrlichen Sandstrand baden oder wandernd die stille Natur des Zingaro erkunden möchten.

Die Hafenstadt **Trapani** › **S. 72** machte mit ihren großen Salinen bereits phönizische Händler reich. Heute hat sie ein fast nordafrikanisches Flair, bedingt durch die Nähe zu Tunesien und die vielen Immigranten, bedingt aber auch durch die Geschichte, in der arabische Herren lange eine bedeutende Rolle spielten.

Arabischer Einfluss ist auch in **Marsala** › **S. 75** spürbar, aber in erster Linie dreht sich hier alles um den süßen Dessertwein. Wer das phönizische Motya auf der **Insel Mozia** › **S. 76** besuchen möchte, bleibt in Marsala am besten über Nacht.

Seeleute aus **Mazara del Vallo** › S. 76, einem bedeutenden Fischerort, bargen den bronzenen Satyr, dem ein eigenes Museum gewidmet ist. Etwas weiter östlich erinnern die Tempel von **Selinunte** › S. 78 an die griechische Herrschaft über Sizilien, die schönsten Funde aus Selinunte warten am Schluss der Tour in Palermos Archäologischem Museum › S. 61. Das Städtchen **Sciacca** › S. 81 wiederum lockt mit Heilquellen und bizarren Skulpturen im Castello Incantato. In **Agrigento** › S. 89 sollten Sie zwei Übernachtungen einplanen. Die eindrucksvollen Überreste der antiken Stadt im Tal der Tempel verdienen eine eingehende Besichtigung, genauso wie die Stadt mit ihren schicken Läden und Cafés.

Hier verlässt die Tour das Meer und wendet sich landeinwärts nach **Caltanissetta** › S. 94. Auf der Landstraße passiert man dabei gleich mehrere befestigte Städtchen wie Pietraperzia mit maurisch-normannischer Geschichte und Architektur. Das nahe **Enna** › S. 94 hingegen war griechisches Heiligtum, arabische Festung und Sitz des Stauferkönigs Friedrich II. Durch die herbe Gebirgslandschaft der **Madonie** › S. 133 führt die Route nach Norden und aufs Tyrrhenische Meer zu. **Cefalù** Altstadt › S. 131 und seine Strände verdienen ein, zwei Nächte Aufenthalt, bevor man sich gen Westen der Hauptstadt **Palermo** › S. 56 zuwendet. Mit ihrer oft hektischen, aber auch malerischen Innenstadt, den reichen Museen und den Normannenbauten im Vorort Monreale › S. 66 sind zwei Besichtigungstage gut zu füllen.

Acht Säulen des dorischen Herakles-Tempels bei Agrigento wurden wieder aufgerichtet

Infos von A–Z

Ärztliche Versorgung

Die medizinische Versorgung entspricht insbesondere in den Touristenzentren (Taormina, Cefalù etc.) gutem europäischem Standard, es gibt auch deutschsprachige Ärzte. Das Netz an gut sortierten Apotheken (*farmacie*) ist dicht. Sizilianische Apotheken erkennt man am grünen Kreuz auf weißem Grund.

Mit der Europäischen Krankenkarte (EHIC) hat man auch in Italien bei Vertragsärzten und -krankenhäusern Anspruch auf kostenlose medizinische Behandlung, muss aber in der Regel in Vorleistung treten. Die Kosten werden im Heimatland gegegen Vorlage einer Quittung erstattet. Zu empfehlen ist der Abschluss einer privaten Auslandskrankenversicherung, die auch einen medizinisch notwendigen Rücktransport einschließt.

Diplomatische Vertretungen
- **Deutschland (Honorarkonsulat):**
  Via S. Sebastiano 13, 98122 Messina
  Tel. 090 67 17 80
  messina@hk-diplo.de
- **Österreich (Honorarkonsulat):**
  Via L. da Vinci 145, 90145 Palermo
  Tel. 09 16 82 56 96
  consolatoaustria.pa@hotmail.it
- **Schweiz (Konsulat):**
  Via Morgioni 41
  95027 San Gregorio di Catania,
  Tel. 095 38 69 19
  catania@honrep.ch

Einreise

EU-Bürger und Schweizer können mit Reisepass oder Personalausweis bzw. Identitätskarte einreisen. Autofahrern genügt der gültige nationale Führerschein. Die Mitnahme der Grünen Versicherungskarte wird empfohlen.

Elektrizität

Die Netzspannung beträgt 220 bis 230 Volt. In die Steckdosen passen jedoch nur Flachstecker; Abhilfe schafft ein Adapter *(spina di adattamento),* den man in fast jedem Elektrofachgeschäft und meist auch an der Hotelrezeption erwerben kann.

Feiertage
- 1. Januar (Neujahr) und 6. Januar (Dreikönigsfest)
- Ostermontag
- 25. April (Tag der Befreiung)
- 1. Mai (Tag der Arbeit)
- 2. Juni (Tag der Republik)
- 15. August (Mariä Himmelfahrt)
- 1. November (Allerheiligen)
- 8. Dezember (Mariä Empfängnis)
- 25./26. Dezember (Weihnachten)

FKK

In Sizilien dürfen Sie sich auf keinen Fall hüllenlos in der Sonne aalen. Damen sollten sich auch nicht ihrer Bikinioberteile entledigen – allerhöchstens ganz dezent.

Geld & Kreditkarten

Banken findet man in allen Urlaubsorten. Sie haben meist Mo–Fr 8.30 bis 13.30 und 14.45–15.45 Uhr geöffnet. Zum Geldabheben gibt es in der Regel auch Bankautomaten, die aber nachts und am Wochenende oft außer Betrieb sind! Kreditkarten werden in den meisten Hotels, Restaurants und Geschäften akzeptiert.

Barzahlungen von mehr als 1 000 € sind in Italien seit 2012 verboten.

Haustiere

Häuser, in denen Tiere willkommen sind, zeigen dies durch ein Tiersymbol im

Hotelverzeichnis an. Gleiches gilt auch für Campingplätze. Für den Grenzübertritt wird der EU-Heimtierpass benötigt; das Tier muss eine gültige Tollwutimpfung besitzen und durch Mikrochip gekennzeichnet sein.

Informationen

Die italienische Zentrale für Tourismus ENIT ist vertreten in:
- **Deutschland**
  Barckhausstr. 10, 60325 Frankfurt/M.
  Tel. 069/23 74 34, www.enit-italia.de
- **Österreich**
  Mariahilferstr. 1b, 1060 Wien
  Tel. 01/505 16 30 12, www.enit.at

Internet

In einigen größeren Städten und Touristenorten gibt es Internet-Cafés. Fast alle Hotels haben WLAN-Hotspots.

Medien

Deutschsprachige Radioprogramme sind nur über Kurzwelle zu empfangen. Viele Hotels bieten Satellitenfernsehen mit deutschen Programmen an. Deutschsprachige Zeitungen erhält man in den Touristenzentren.

Mietwagen

Alle großen europäischen Mietwagenfirmen sind auf Sizilien vertreten. Das Vergleichsportal www.billiger-mietwagen.de listet deren Angebote und die Angebote lokaler Firmen im direkten Vergleich auf und erleichtert so die Entscheidung anhand von Kriterien wie Versicherungsleistungen, freie Kilometer, Kosten Zusatzfahrer, Flughafenabholung usw.

Notruf

- Polizei: 112
- Erste Hilfe: 112
- Feuerwehr: 115
- Pannendienst des ACI: 80 31 16

Eines der wichtigsten Feste von Terrasini bei Palermo ist die farbenfrohe Festa di li Schietti an Ostern

Öffnungszeiten

Geschäfte haben in der Regel Mo–Sa 9–12.30 und 15/16–19.30 Uhr geöffnet, doch werden die Ladenschlusszeiten sehr flexibel gehandhabt.

Postämter sind meist Mo–Fr 8.30 bis 13.30, Sa bis 12 Uhr geöffnet.

Die Servicezeiten der **Tankstellen** sind in der Regel von 8–13 und von 16.30–20 Uhr. Außerhalb dieser Zeiten kann man häufig auch an Tankautomaten tanken (mit Bargeld bzw. EC-Karte).

Für **Museen** gibt es keine einheitlichen Öffnungszeiten, und wenn, werden sie nicht unbedingt eingehalten. Die meisten Museen sind montags geschlossen.

Kirchen kann man in der Regel vormittags bis 12 Uhr und von 16/17 bis 19 Uhr besichtigen.

Quittungen

Für Dienstleistungen (das gilt auch in Bars/Cafés und Restaurants) muss die Quittung *(ricevuta fiscale)* kurzfristig aufbewahrt und auf Verlangen der Finanzpolizei *(Guardia di Finanza)* vorgezeigt werden.

Rauchverbot

Seit Januar 2005 ist das Rauchen in allen öffentlichen Gebäuden Italiens verboten, ebenso in Bars und Restaurants.

Sicherheit

Weder Sorglosigkeit noch Angst sind angebracht – schon gar nicht Angst vor der Mafia, die ja am Tourismus kräftig partizipiert. Wertsachen sollte man dennoch nicht im Auto liegen lassen und vollgepackte Autos, v.a. auf Autobahnrast- und Parkplätzen, möglichst im Auge behalten. Wenn ein Hotelsafe vorhanden ist, kann man ihn auch benutzen. In Großstädten sollten Damen auf Hand- oder Umhängetaschen sowie auffallenden Schmuck möglichst verzichten. Besonders aufpassen muss man mit Rucksäcken. Aktuelle Reise- und Sicherheitshinweise zu Italien auf www.auswaertiges-amt.de unter »Reise & Sicherheit«.

Taxi

Viele Taxis haben keine Gebührenzähler, sodass es unbedingt notwendig ist, sich über den Fahrpreis vorher zu einigen. Grundsätzlich ist Taxifahren eine kostspielige Angelegenheit. Für Ausflüge empfehlen sich eher Gruppenfahrten mit Bussen; sie werden von lokalen Reisebüros laufend organisiert.

Telefon und Handy

Die Null vor der Ortsnetzkennzahl wird im Land wie auch bei Anrufen von außerhalb immer mitgewählt. Nur bei Mobiltelefonnummern entfällt die erste Null. Telefonate vom Hotel aus sind teuer. Viel günstiger sind öffentliche Fernsprecher, die fast nur mit Telefonkarten (scheda telefonica) funktionieren. Man erhält sie zu 5 € und 10 € bei der Post, in Tabakläden und manchen Bars. Die Rufnummer für die nationale Telefonauskunft in ganz Italien ist 12, für die internationale Auskunft 176. Für Handy-Benutzer gelten seit der Einführung des Euro-Tarifs einheitliche Roaming-Gebühren.

Internationale Vorwahlnummern

- Deutschland: 00 49
- Österreich: 00 43
- Schweiz: 00 41
- Italien: 00 39

Trinkgeld

In Restaurants sind 5–10 % des Rechnungsbetrages üblich. Trinkgelder werden grundsätzlich für alle persönlichen Dienstleistungen, also im Café, im Hotel, beim Friseur etc. erwartet. Auch dem Zimmermädchen in den besseren Hotels hinterlässt man ein Trinkgeld.

Zoll

Für EU-Bürger sind Geschenke und Mitbringsel zollfrei; bei Waren für den persönlichen Gebrauch gelten folgende Mengen als Obergrenze: 800 Zigaretten, 10 l Spirituosen, 90 l Wein, davon höchsten 60 l Schaumwein sowie 10 kg Kaffee. Reisende aus der Schweiz können die folgenden Mengen zollfrei ins Heimatland mitnehmen: 200 Zigaretten, 1 l Spirituosen, 2 l Wein und Reiseandenken bis zu 300 CHF.

Urlaubskasse	
Tasse Espresso	1,50 €
Softdrink	2,50 €
Flasche Wein (im Restaurant)	um 10 €
Belegtes Brötchen (Panineria)	2,50 €
Kugel Eis	0,75 €
Museumseintritt	2 bis 10 €
Taxifahrt (pro km)	ab 1,20 €
Mietwagen/Tag	40 bis 50 €

Register

Bildnachweis

Coverfoto: Antikes Theater Bei Taormina mit Blick auf den Ätna © Huber Images/Alessandro Bartuccio
Fotos Umschlagrückseite: © Fotolia/Ralf Gosch (links); shutterstock/VanderWolf Images (Mitte); Fotolia/Ralf Gosch

Alamy/Stock Italy: 134; Peter Amann: 24, 96, 116, 124, 137; APA Publications/Glyn Genin: 92, 103, 106, 117; Bildagentur Schapowalow/SIME/Kaos03: 32/33; fotolia/Martina Berg: 128; Fotolia/Guillaume Besnard: 136; fotolia/gaemau: 118; fotolia/kubais: U2-1; fotolia/Shooter: 37; fotolia/Tarabalu : 69; Fototeca ENIT: 47; Getty Images/Lonely Planet Images: 98; Bernd Helms: 126; Huber Images/Alessandro Bartucci: 60; Huber Images/Bernhart: 129; Huber Images/Paolo Giocoso: 13; Huber Images/Gräfenhain: 6/7, 122, 148; Huber Images/Johanna Huber: 77, 145, 146; Huber Images/Mehlig: 109; Huber Images/Alessandro Saffo: U2-2, 30, 65, 81, 95, 121, 128, 133, 149; Huber Images/Giovanni Simeone: U2-4, 134, 140; Friedrich Köthe: 8-1, 9-1, 9-2, 10; Rainer Hackenberg: 114, 151; laif/Sabine Bungert: 57, 62; laif/Celentano: 38; laif/hemis.fr/Jean-Pierre Degas: 142; laif/hemis.fr/Franck Guiziou: 28; laif/Markus Kirchgessner: 45; laif/hemis.fr/Bruno Morandi: 73; laif/Arnold Morascher: 14; LOOK-foto/Rainer Martini: 108; LOOK-foto/TerraVista: 20/21; mauritius images/United Archive: 26; Harald Mielke: U2-3; shutterstock/Wiktor Bubniak: 71; shutterstock/Marco Cannizzaro: 42, 153; shutterstock/eFesenko: 135; shutterstock/Fesenko Ievgenii: 41; shutterstock/David Ionut: 59; shutterstock/Dalibor Kastratovic: 101; shutterstock/kubais: 50; shutterstock/Anna Lurye: 48/49, 132; shutterstock/marco meyer: 17; shutterstock/Martin M303: 83; shutterstock/Mayovskyy Andrew: 15; shutterstock/Nanisimova: 130; shutterstock/luigi nifosi: 84; shutterstock/mradlgruber: 51; shutterstock/perspectivestock: 67; shutterstock/radar60: 147; shutterstock/silky: 8-2; shutterstock/stefanolunardi: 79; shutterstock/Aleksandar Todorovic: 90; Wikipedia (gemeinfrei): 40.

Liebe Leserin, lieber Leser,
wir freuen uns, dass Sie sich für diesen POLYGLOTT on tour entschieden haben.
Unsere Autorinnen und Autoren sind für Sie unterwegs und recherchieren sehr gründlich, damit Sie mit aktuellen und zuverlässigen Informationen auf Reisen gehen können.
Dennoch lassen sich Fehler nie ganz ausschließen. Wir bitten Sie um Verständnis, dass der Verlag dafür keine Haftung übernehmen kann.

Ihre Meinung ist uns wichtig. Bitte schreiben Sie uns:
TRAVEL HOUSE MEDIA GmbH, Redaktion POLYGLOTT, Grillparzerstraße 12,
81675 München, redaktion@polyglott.de
www.polyglott.de

1. komplett überarbeitete Auflage 2015

© 2015 TRAVEL HOUSE MEDIA
GmbH München
Dieses Buch wurde auf chlorfrei
gebleichtem Papier gedruckt.
ISBN 978-3-8464-2791-0

**Bei Interesse an maßgeschneiderten
POLYGLOTT-Produkten:**
Tel. 089/450 00 99 12
veronica.reisenegger@travel-house-media.de

Bei Interesse an Anzeigen:
KV Kommunalverlag GmbH & Co KG
Tel. 089/928 09 60
info@kommunal-verlag.de

Verlagsleitung: Michaela Lienemann
Redaktionsleitung: Grit Müller
Verlagsredaktion: Anne-Katrin Scheiter
Autoren: Daniela Schetar, Friedrich Köthe
Redaktion: Karen Dengler, Werkstatt
München
Bildredaktion: Ulrich Reißer
Mini-Dolmetscher: Langenscheidt
Layoutkonzept/Titeldesign:
fpm factor product münchen
Karten und Pläne: Sybille Rachfall
Satz: Tim Schulz, Mainz
Herstellung: Anna Bäumner
Druck und Bindung:
Printer Trento

PEFC
PEFC/18-31-506

TRAVEL
HOUSE
MEDIA

Ein Unternehmen der
GANSKE VERLAGSGRUPPE

Mini-Dolmetscher Italienisch

Allgemeines

Guten Tag.	Buongiorno. [buondsehorno]
Hallo!	Ciao! [tschao]
Wie geht's?	Come sta? [kome sta]
Danke, gut.	Bene, grazie. [bäne grazje]
Ich heiße ...	Mi chiamo ... [mi kjamo]
Auf Wiedersehen.	Arrivederci. [arriwedertschi]
Morgen	mattina [mattina]
Nachmittag	pomeriggio [pomeridseho]
Abend	sera [ßera]
Nacht	notte [notte]
morgen	domani [domani]
heute	oggi [odsehi]
gestern	ieri [järi]
Sprechen Sie Deutsch?	Parla tedesco? [parla tedesko]
Wie bitte?	Come, prego? [kome prägo]
Ich verstehe nicht.	Non capisco. [non kapisko]
Sagen Sie es bitte nochmals.	Lo può ripetere, per favore. [lo puo ripätere per fawore]
..., bitte.	..., per favore. [per fawore]
danke	grazie [grazje]
Keine Ursache.	Prego. [prägo]
was / wer / welcher	che / chi / quale [ke / ki / kuale]
wo / wohin	dove [dowe]
wie / wie viel	come / quanto [kome / kuanto]
wann / wie lange	quando / quanto tempo [kuando / kuanto tämpo]
warum	perché [perke]
Wie heißt das?	Come si chiama? [kome ßi kjama]
Wo ist ...?	Dov'è ...? [dowä]
Können Sie mir helfen?	Mi può aiutare? [mi puo ajutare]
ja	sì [ßi]
nein	no [no]
Entschuldigen Sie.	Scusi. [skusi]
Gibt es hier eine Touristeninformation?	C'è un ufficio di turismo qui? [tschä un uffitscho di turismo kui]
Haben Sie einen Stadtplan?	Ha una pianta della città? [a una pjanta della tschitta]
Wann ist ... geöffnet?	A che ora è aperto (m.) / aperta (w.) ...? [a ke ora ä apärto / apärta]
das Museum	il museo (m.) [il museo]

Shopping

Wo gibt es ...?	Dove posso trovare ...? [dowe posso trovare]
Wie viel kostet das?	Quanto costa? [kuanto kosta]
Wo ist eine Bank?	Dov'è una banca? [dowä una bangka]
Ich suche einen Geldautomaten.	Dove posso trovare un bancomat? [dowe posso trovare un bankomat]
Geben Sie mir 100 g Käse / zwei Kilo Pfirsiche	Mi dia un etto di formaggio / due chili di pesche. [mi dia un ätto di formadseho / due kili di päske]
Wo kann ich telefonieren / eine Telefonkarte kaufen?	Dove posso telefonare / comprare una scheda telefonica? [dowe posso telefonare / komprare una skeda telefonika]

Essen und Trinken

Die Speisekarte, bitte.	Il menu per favore. [il menu per fawore]
Brot	pane [pane]
Kaffee	caffè / espresso [kaffä / espràsso]
Tee	tè [tä]
mit Milch / Zucker	con latte / zucchero [kon latte / zukkero]
Orangensaft	succo d'arancia [sukko darantscha]
Mehr Kaffee, bitte.	Un altro caffè, per favore. [un altro kaffä per fawore]
Suppe	minestra [minästra]
Nudeln	pasta [pasta]
Fisch / Meeresfrüchte	pesce / frutti di mare [pesche / frutti di mare]
Fleisch	carne [karne]
Geflügel	pollame [pollame]
Beilage	contorno [kontorno]
vegetarische Gerichte	piatti vegetariani [pjatti wedsehetarjani]
Ei	uovo [uovo]
Salat	insalata [inßalata]
Dessert	dolci [doltschi]
Obst	frutta [frutta]
Eis	gelato [dsehelato]
Wein	vino [wino]
Bier	birra [birra]
Wasser	acqua [akua]
Mineralwasser	acqua minerale [akua minerale]
mit / ohne Kohlensäure	gassata / naturale [gassata / naturale]
Ich möchte bezahlen.	Il conto, per favore. [il konto per fawore]

Meine Entdeckungen

....

....

....

....

....

....

....

....

....

....

....

....

....

....

....

....

....

....

Clevere Kombination mit POLYGLOTT **Stickern**

Einfach Ihre eigenen Entdeckungen mit Stickern von 1–16 in der Karte markieren
und hier eintragen. Teilen Sie Ihre Entdeckungen auf facebook.com/polyglott1.

Checkliste Sizilien

Nur da gewesen oder schon entdeckt?

☐ **Auf weißen Stufen ins Meer**
Wer an der Scala dei Turchi nicht wenigstens für ein paar
Schwimmzüge Halt macht, dem entgeht ein Traumstrand. › **S. 15**

☐ **Seelenruhe finden**
Gönnen Sie sich ein bis zwei Nächte im Hotel Giardino di
Costanza – ein Wellnessparadies auch für die Seele. › **S. 31**

☐ **Sonnenuntergang**
Am Stadtstrand von Cefalù auf der Kaimauer sitzen und der
untergehenden Sonne zusehen … Urlaub pur! › **S. 15**

☐ **Beim kleinsten Hafen der Welt schwimmen**
In Ginostra auf der Insel Stromboli ticken die Uhren anders und
selbst beim Hafen kann man entspannt baden. › **S. 12**

☐ **Ätna-Küche**
Siziliens Küche gilt als die beste Landküche der Welt. Spätestens
wenn Sie rund um den Ätna auf kulinarische Entdeckungstour
gehen, wissen Sie warum. › **S. 14**

☐ **Die Macht der Schönheit gegen die Macht der Mafia**
Die eindrucksvollen Skulpturen und Kunstwerke der
frei zugänglichen Fiumara d'Arte
sind für ihren Gründer Antonio
Presti auch Symbole gegen
die Macht der Mafia.
› **S. 143**

☐ **Eine Stadt als Hexagon**
Sechseckig ist der
Grundriss Gram-
micheles, sechseckig
auch die zentrale
Piazza. Zahlensym-
bolik? Auf alle Fälle
einzigartig auf Sizilien! › **S. 15**

Mitbringsel für Daheim

Körnige Bitterschokolade aus Modica: Von der famosen Antica
Dolceria Bonajuto › **S. 13**

Kapern aus Salina im Glas:
Nicht in Essig eingelegt, sondern
mit Salz konserviert › **S. 16**